# Promoting the policy debate
# on social exclusion
# from a comparative perspective

Trends in Social Cohesion No. 1

# TABLE OF CONTENTS

# FOREWORD

This new series "Trends in social cohesion" was launched by the Social Cohesion Development Division in order to provide a forum for observation and analysis of the developments taking place on matters of social cohesion in the Council of Europe member states. Each issue will address important aspects concerning social protection and social cohesion. Its aim is to ensure greater visibility and a wider dissemination of the results of the work carried out by the Council of Europe to promote social cohesion in its forty-three member states.

Social cohesion, as defined by the Directorate General of Social Cohesion of the Council of Europe, is a concept that includes values and principles which aim to ensure that all citizens, without discrimination and on an equal footing, have access to fundamental social and economic rights. Social cohesion is a flagship concept which constantly reminds us of the need to be collectively attentive to, and aware of, any kind of discrimination, inequality, marginality or exclusion.

The Council of Europe does not see social cohesion as being a homogenising concept that is only based on traditional forms of social integration, which nonetheless are important, such as: identity, the sharing of the same culture, adhering to the same values. It is a concept for an open and multicultural society.

The meaning of this concept can differ according to the socio-political environment in which it evolves. Indeed, the main objective of this series is to clarify the content and the value of the concept of social cohesion within different contexts and national traditions.

From an operational point of view, a strategy of social cohesion refers to any kind of action which ensures that every citizen, every individual, can have within their community, the opportunity of access:

- to the means to secure their basic needs;
- to progress;
- to protection and legal rights;
- to dignity and social confidence.

Any insufficiency of access to any of these fields operates against social cohesion. This idea is clearly acknowledged in the Council of Europe's Strategy for Social Cohesion which offers an instrument for reflection for its member states on topics such as how to:

- make social and economic rights effective and to enable citizens to assert and reclaim their rights through adequate procedures;

- prevent the development of a two-speed society in which some prosper and others are stigmatised and confined to the margins;

- make efficient the fight against poverty and to combat social exclusion through the use of new information technologies and appropriate support structures, especially for the most vulnerable groups;

- reduce the unacceptable levels of unemployment and to promote access to employment, especially for the weakest groups, through economic policies and appropriate support measures;

- improve the quality of public services and to ensure that all citizens have real access to them;

- arrive at, and maintain, an adequate level of social protection in the context of increasing pressures to revise these concepts and traditional approaches;

- respond to the needs of older people through an adequate pension system and through the establishment of intergenerational solidarity;

- renew the sense of social solidarity and mutual responsibility within society;

- respond to changes in models of family life (for example through the reconciliation of work and private life);

- develop policies of protection and participation of children and young people in society;

- create the conditions necessary for the integration of, access to rights by, disabled people and vulnerable sections of society;

- ensure the dignified integration of migrants and to combat all forms of racism and discrimination;

- make cultural and ethnic diversity a source of strength for society.

These different points illustrate the complexity of all that is covered within the concept of social cohesion. Indeed, it is a foundation of democracy and requires seeking out logical complementarities between different actors and different institutions. It aims to give full expression to peoples' individual capacities, to social groups and organisations and to avoid any kind of marginalisation and exclusion by reducing the risk of neglecting and wasting human resources. Finally, through allowing different identities and cultures to speak out, it is a guard against any kind of fanaticism.

By concentrating effort on reflection on the concept and through research on ways of implementing and evaluating the underlying policies, the Council of Europe DG III – Social Cohesion aims to make social cohesion a systematic common practice.

This publication aims to define current practices, analyse and disseminate methods used and point out the tools and instruments which can further social cohesion.

*Gilda Farrell*

**Head of the Social Cohesion Development Division**
**DG III – Social Cohesion**
**Council of Europe**

# INTRODUCTION

On 14 and 15 June 2001, the Council of Europe, Directorate General Social Cohesion, organised a workshop titled "Towards innovative approaches to assess new social policy". Its main objective was to mobilise a network of national research institutions in the social field to stimulate the debate on how to improve policymaking in light of the findings and approaches offered by the vast ongoing research programmes on poverty and social exclusion. The workshop aimed at both highlighting policy issues that need attention and giving useful insights into social diagnoses and policy. The high level of the expert group and the quality of the background papers led to in-depth and fruitful discussion on crucial issues regarding social policy to fight poverty and exclusion.

The workshop gave the opportunity to discuss very different approaches and social policy frameworks between eastern and western Europe but also between Nordic countries and other members of the European Union. It emphasized key social problems shaping the social policy debate in the different countries and the research programmes developed by the researchers' institution. Researchers also exchanged views on some innovative policies implemented in Europe. This process led to the identification of common and specific problems and their consequences in terms of social policy.

The workshop was a first step in the process launched by the network of social researchers whose project was to operationalise concepts on which policy makers could develop effective social policy. Indeed, the concept of social exclusion is relatively new in the West and led to much discussion, but it is even more recent in eastern Europe and lacks a clear definition. Eastern European researchers have presented their analytical and operational problems with the concept of exclusion. This exercise contributes to the process of ownership by eastern European social researchers of new concepts for action. Through a collective work, the participants were able to identify the characteristics of, and the value added by, such an approach in the elaboration of social policy in both eastern and western Europe.

The following text is based on the background papers written by the participants and the discussion during the workshop. We are grateful to the participants of the workshop for their contribution: Peter Kenway, New Policy Institute, London; Katalin Tausz, Eötvös Lorand University, Budapest;

Miroslava Obadalova, Research Institute for Labour and Social Affairs, Prague; Michel Chauvière, CNRS, Groupe d'Analyse des Politiques Publiques, ENS de Cachan; Marthe Nyssens, IRES et CERISIS, Universite catholique de Louvain; Sten-Åke Stenberg, Swedish Institute for Social Research; Chiara Saraceno, Dipartimento di Scienze Sociali, Università di Torino; Chris Whelan, ESRI, Dublin, Cok Vrooman, Social and Cultural Planning Office, The Hague; Torben Fridberg, The Danish National Institute of Social Research; Kazimierz W. Frieske, Institute of Labour and Social Studies in Warsaw; Arne Tesli, Norvegian Institute for Urban and Regional Research (NIBR); Matti Heikkila, STAKES, Helsinki.

We are also very grateful to the Government of the Netherlands for their financial support in this project.

## Defining a social exclusion approach

The notion of social exclusion is relatively new in the Anglo-Saxon literature but it is rapidly gaining currency and it has succeeded in becoming a widely used concept in research as well as in policy making (Bhalla & Lapeyre, 1999). It was developed in France by sociologists concerned about the emerging social problems related to the socio-economic transformations of the 1980s. It refers to the weakening of social ties resulting from the processes of social disqualification (Paugam, 1993) or social disaffiliation (Castel, 1995) caused by the return of mass social and economic vulnerability in industrialised countries. The growing insecurity of a part of the population in terms of access to a decent job, income, housing, health service and education or the feeling of insecurity, which affects an even larger part of the population, exists concurrently with new economic opportunities for others who can take advantage of the potential for prosperity associated with the global economy.

The concept of social exclusion, as Paugam (1996a : 14) argues, took centre stage in France only in the early 1990s as analysis of and reflection on the operation of the *Revenue minimum d'insertion (RMI)* began to modify the traditional conception of poverty. Within the RMI framework, the integration contract is complementary to that of the minimum income allowance. It implies two things: on the one hand, the recipient must be actively engaged in (re)insertion activities developed for him/her. On the other hand, society or the state must break the vicious circle, in which the vulnerable people are trapped, by implementing a set of policies and institutions to overcome exclusion, especially from the labour market, housing education and health. The French innovation was this notion of insertion, which implies a contract linking the individual responsibility of the recipient to the collective responsibility of the society as a whole. It is an insertion contract implying both rights for and obligations from recipients.

Thus in the 1990s, increased emphasis was placed in the European Union on the processes leading from precarity to exclusion, in the sense of exposure to the cumulative disadvantage and the progressive rupturing of social relations. A process, which Paugam (1996b) describes as a "spiral of precariousness". The "poor" were seen to constitute a heterogeneous group and the need to move from a static definition of poverty based solely on income, to a dynamic and multidimensional perspective, was stressed. This line of argument is consistent with the claim that the explanatory power of social class is waning and inequalities in life-chances are no longer significantly structured by class position (Andreß & Schulte, 1998 ; Beck, 1992).

Thus the notion of social exclusion raises issues relating to the changing of causal processes and qualitatively different outcomes. The notion of social exclusion has meaning only by implicit reference to normative ideas of what it means to be a member of and to participate in society (Silver, 1994, 1996). The notion of social exclusion has no meaning outside of the history and prosperity of the welfare state after the second world war because it pre-supposes a counterpart, a shared understanding of what is to be included. Its emergence is directly related to the fact that from the 1980s on high unemployment threatened national modes of integration (Kronauer, 1996).

**The Human Dignity and Social Exclusion Project (1994-98)**

The Human Dignity and Social Exclusion (HDSE) Project, a pan-European initiative launched by the Council of Europe in 1994 and completed in 1998, enabled the following:

- analysis of the status of poverty and social exclusion in Europe;

- submission of proposals of actions, validated by the final conference of the project which took place in Helsinki from 18 to 20 May 1998, tackling five major themes: health, housing, employment, social protection and education.

*1. The HDSE report: summary of the research work*

The summary report *Opportunity and risk: trends of social exclusion in Europe* was prepared by Mrs Katherine Duffy (Director of research for the HDSE Project) on the basis of national and thematic reports relating to the five above mentioned strategic areas: health, employment, social protection, education and housing.

It draws attention to the opportunities and the risks which follow from the development of social exclusion situations and highlights the major problems as well as the most exposed groups. It concludes with the fact that social exclusion is a risk that is inherent within liberal societies and that governments which aspire to social cohesion have to reduce more actively the risk and frustrations it leads to.

In addition, working groups had been set up to examine, through a multidisciplinary approach, the four following themes:

- legal rights and vulnerable groups (Rapporteur: Bruno Romazzotti);

- family and personal networks of the least advantaged groups (Rapporteur: Solange Coppin de Janvry);

- the role of civil society in combating poverty and social exclusion (Rapporteur: Ruth Brand);

- intervention at the local level: public authorities and local communities (Rapporteur: Jean-Marie Heydt).

*2. The Helsinki Final Conference (18-20 May 1998)*

The Council of Europe organised a large final conference in Helsinki from 18 to 20 May 1998 in order to present and examine the results of the HDSE Project.

The conference gathered more than 300 people representing all member states of the Council of Europe and all the partners of the project. It identified the priorities of the Council of Europe in combating poverty and social exclusion in co-operation with all actors concerned and adopted a series of proposals for action in the following fields:

**Health:** work should concentrate on how health and social resources should be adapted to the specific health care needs of vulnerable groups and on improving equality of access through the provision of universal social coverage.

**Housing:** the challenges concerning access to and maintenance of housing for deprived groups concerns all states. It is necessary to respond to emergencies and prevent evictions as well as develop area-based policies (urban policy, town planning, regeneration of the countryside).

**Employment:** activities in this field should: promote the insertion/reinsertion into the workforce of disadvantaged, excluded and marginalised groups; reinforce equal opportunities policies and the treatment of disadvantaged groups in the employment market by tackling, on the one hand, discrimination between men and women, towards migrants and disadvantaged ethnic groups and the disabled and, on the other hand, favouring reconciliation between professional and family life and reintegration into the workforce.

**Social protection:** priority areas should be targeted through analysing the obstacles leading to non-access or loss of social security benefits and through studying the contribution that social protection systems make to social and economic development.

**Education:** lack of training and education, both formal and informal, remain more than ever at the heart of exclusion. Priority will be given to: analysis of the obstacles to access to training and education, both school and lifelong learning; awareness of the importance of democratic citizenship for active participation in society; taking account of psychosocial difficulties concerning educational provision for vulnerable groups.

Furthermore, all the contributions to the HDSE Project highlighted the fundamental importance of the family and of culture in the preventative and curative approaches to combating social exclusion.

# SOCIAL EXCLUSION: A NEW ANALYTICAL AND OPERATIONAL FRAMEWORK FOR SOCIAL POLICY?

Social exclusion is related not only to a lack of material wealth but also to symbolic exclusion, social deprivation and incomplete participation in the main social institutions (Silver, 1995). It emphasizes the quality of the relationship between the individual and the society. An approach in terms of social exclusion highlights the new social questions affecting social cohesion, and calls for major changes in social policy. Indeed, social safety nets and minimum income policies can prevent people from falling below the poverty line, but they do not answer the problem of the weakening of social ties associated with the fragmentation of society. Unemployment, for example, not only denies income and output to whose are excluded, it also fails to recognise their productive role as human beings in society. In other words, employment provides social legitimacy and social status as well as access to income (Sen, 1975). It brings with it human dignity and entitles individuals to economic rights and social recognition that are essential for full citizenship. The symbolic dimension of exclusion is related to these criteria of personal achievement and to the need to be useful to society and to be recognised as such by society.

Two main processes contribute to social exclusion : (i) high unemployment (especially long-term unemployment) and job precariousness for people who were previously fully integrated into the society's main institutions, and (ii) difficulty, in particular for young people, in entering the labour market and enjoying both the income and the social network associated with it. The strength of the links between the employment situation and other dimensions of life (family, income, housing, health, social networks, etc.) suggests that those people, who are trapped in the bad segments of the labour market or excluded from it, suffer from the risk of becoming excluded from society (CERC, 1993). The relationship between long-term unemployment and precariousness and social deprivation will depend on the nature of the networks of solidarity. Social deprivation leads to the loss of solidarity networks (which are crucial, in particular, in job seeking). Material deprivation can produce a sense of social inferiority, which leads to social isolation and alienation. Finally, the spiral of cumulative disadvantages leads to social exclusion.

## The Strategy for Social Cohesion

On 12 May 2000, the European Committee for Social Cohesion (CDCS) adopted its Strategy for Social Cohesion. This document, approved by the Committee of Ministers on 13 July, represents a statement of intent setting out a precise agenda for the Council in the social field for the coming years.

It does not define social cohesion as such but seeks to identify some of the factors in social cohesion such as:

- setting up mechanisms and institutions which will prevent the factors of division (such as an excessive gap between rich and poor or the multiple forms of discrimination) from becoming so acute as to endanger social harmony;
- the importance of decent and adequately remunerated employment;
- measures to combat poverty and social exclusion, particularly in areas such as housing, health, education and training, employment and income distribution and social services;
- strengthening social security systems;
- developing policies for families, with particular emphasis on children and the elderly;
- partnership with civil society bodies, in particular trade unions, employers' representatives and NGOs.

*Accordingly, social cohesion policies should:*

- help to revitalise the economy and capitalise on the contribution made by the two sides of industry and other interested bodies, particularly by creating employment, stimulating enterprise and ensuring employment opportunities for all;
- meet people's basic needs and promote access to social rights within the universal spirit of the Council of Europe's many conventions and recommendations, particularly in the fields of employment, education, health, social protection and housing;
- acknowledge human dignity by focusing policies on the individual and guaranteeing human rights in Europe;
- establish forums and procedures enabling the underprivileged and those whose rights are insufficiently upheld to make themselves heard;
- develop an integrated approach bringing together all the relevant fields of action.

The Council of Europe will be carrying out four types of activities: standard-setting activities and monitoring of the application of legal instruments; policy development; projects in member states; and research and analysis.

The Strategy for Social Cohesion will naturally evolve as time goes by and as more experience is gained in this new approach by the Council of Europe.

This analytic framework does not focus on social exclusion as a final stage characterising social and economic deprivation but instead, on the dynamic processes which create those states, pushing individuals from a zone of integration to a zone of precariousness, vulnerability and finally, exclusion. As Castel (1995) emphasized in his book, the intermediate zone of vulnerability, which rapidly increased in the 1980s and 1990s, is crucial. What is important is to point out the different paths leading to precariousness and exclusion. To conclude, the main characteristics of the approach, in terms of social exclusion that we will develop below, are the following:

- exclusion as a dual risk process: a social risk of exclusion for any individual and a societal risk for all society that can be deeply affected by this weakening of social ties;

- exclusion as the result of structural processes that are excluding a part of the population from the productive sphere and not as the result of individual failures;

- exclusion as a dynamic approach, which emphasizes the processes toward social and economic deprivation;

- exclusion as a multidimensional approach combining economic, social and political aspects that are interconnected.

The widespread use of the term "social exclusion" is relatively new, and is a result of a deliberate shift in usage away from "poverty" by the European Union (EU) in the late 1980s. Suspicion exists that the emergence of the term to centre stage may reflect the hostility of some governments to the language of poverty and the attraction of substituting a "less accusing" expression (Room, 1994; Berghman, 1995). Indeed a significant resemblance may be found between poverty and social exclusion research programmes. A number of authors associated with the London School of Economics' Centre for Social Exclusion have stressed five aspects of the notion – relativity, multidimensionality, agency, dynamics, and multilayering – while acknowledging that these are hardly new ideas (Atkinson, 1998; Hills, 1999). Nonetheless substantive claims have been made for the merits of conceptualising issues in terms of social exclusion rather than poverty. Of course social exclusion is often used to refer to quite different processes. Thus Abrahamson (1997) concludes "there are people who simply lack enough money to make ends meet because of their position in the social structure, while others are shut out of mainstream society on the grounds of ethnicity, social orientation, etc.".

All in all, the poverty concept may incorporate many aspects of social exclusion, but it is still useful to make a distinction. Poverty primarily refers to the limited financial means of a person or household, making it impossible to satisfy customary needs. The precarious financial situation may be the consequence of a low income and/or high unavoidable expenditures (for example chronic diseases). Poverty may lead to social exclusion, in the sense that people are cut off from the labour market, do not take part in dominant behavioural and cultural patterns, lose social contacts, live in certain stigmatised neighbourhoods, and are not reached by welfare agencies. Or, conversely, such aspects of social exclusion may be the result of a precarious financial situation, but also of other factors.

---

### Access to social rights

Access to basic social rights is the starting point for the Council of Europe's Social Cohesion Strategy. From this perspective, the Council of Europe has developed a series of programmes in the field of social cohesion with the aim to achieve access to social rights for everybody in five main aspects: employment, housing, social protection, health and education. The corresponding working groups started their activities in 1999. Three of these (employment, housing and social protection) have already completed their work and have drawn up specific guidelines. The newly created Editorial Group for the report on access to social rights will bring together the findings of these three separate committees and prepare a report during the year 2002.

#### 1. Access to employment

The Committee of Experts on Promoting Access to Employment (CS-EM) was responsible for working out effective policies in the fight against long-term unemployment. Member states of the Council of Europe as well as observers from the ILO, OECD, the European Commission, and NGOs in the employment field participated in the work.

The committee has developed over twenty guidelines under following headings: local partnership, equal opportunities and non-discrimination, entrepreneurship and training, education and longlife learning, monitoring and evaluation.

## 2. Access to housing

The Group of Specialists on Access to Housing (CS-LO) proposes policy measures on access to housing for vulnerable groups. The work focused on four specific themes: housing emergencies, evictions, supply of quality housing and area-based policies. The committee adopted a certain number of guidelines which include: general principles of policies on access to housing for vulnerable groups; the legal framework; the institutional framework and co-operation between public authorities and civil society; improving the supply and the financing of affordable housing for vulnerable groups of people; the importance of area-based housing policies; reducing the risk and the negative consequences of evictions for vulnerable persons; dealing with emergency situations; and recommendations for future work.

## 3. Access to social protection

The Group of Specialists on Access to Social Protection (CS-PS) aimed at identifying and assessing obstacles to access to social benefits and services. The CS-PS also developed its guidelines for improving access to social protection. More specifically, they enclose: improving communication and information about rights, benefits and services; improving the management and organisation of benefit providers and social services; and improving the partnership between social protection bodies, services, NGOs and the other actors of civil society.

## 4. Access to health

In order to improve access to health, the European Health Committee carries out a number of studies concerning: effective health policies for health promotion and health protection in society today; the organisation of palliative care, and the assurance that this type of care is available equally to all those who need it; the impact of information technologies on health care "Patient and the Internet" and the role of the media in health matters and its impact on health measures and policies.

The Committee of Ministers of the Council of Europe adopted on 10 October 2001 an important recommendation: Recommendation Rec (2001)12 on the adaptation of health care services to the demand of people in marginal situations for health care and health care services.

## 5. Access to education

In order to contribute to the work of the CDCS, the Education Committee carries out a permanent activity: Education strategies for social cohesion and democratic security. In its framework an annual forum was organised. It examines the major education policy issues in Europe. In 2000, the forum was devoted to education and social cohesion and the book *Education and social cohesion* reproduces the text of the communications of the experts at the forum. In October 2001 the second forum was devoted to the problem of equal access to education in order to examine the new factors that could lead to inequality in access to education. A report on the forum is being prepared.

In recent years, we saw an intensive debate on the meaning of social exclusion, and its relationship with the concept of poverty. The Belgian researchers Vranken et al. note, somewhat irritatedly, the proliferation of meanings that has emerged from the discussion on social exclusion. What seems clear, however, is that social exclusion may be considered a broader concept than poverty. The relevant literature shows at least four seemingly different aspects of the concepts of poverty and social exclusion:

- material against immaterial;

- static against dynamic;

- individual against collective phenomenon;

- individual against collective causes.


## Relationship between social exclusion and income poverty

Customarily, as in a number of studies by the EU Commission or Eurostat, income poverty is measured by setting the poverty line at a particular percentage of mean or median income. The general rationale is that those falling more than a certain distance below the average are excluded from the minimally acceptable way of life of the society in which they live because of a lack of resources (Townsend, 1979). Thus the logic of both poverty and social exclusion approaches is more similar than many would acknowledge. In particular if one is to evaluate the utility of the social exclusion perspective it would seem necessary to avoid the caricature that sees poverty research as having adopted a static perspective. The availability of panel data has stimulated an analysis of poverty dynamics that is central to our understanding of exclusionary processes. Interest in persistent poverty has been driven by concern about state dependence or vicious circle processes. Assumptions about the long-term nature of poverty have been central to the development of notions such as "culture of poverty" and "underclass" (Gans, 1990; Wilson, 1987).


## Persistent poverty and multiple disadvantages

Increasing concern for multiple disadvantages has also been reflected by the prominence that the term "social exclusion" has come to have in

British policy making. Kleinman (1998:7) concludes that one consequence of employing the term "social exclusion" to denote multiply deprived groups is that it defines the key social cleavage between a comfortable majority and an excluded socially isolated minority. This tendency is also stressed in Room's (1999:171) discussion of notions of continuity and catastrophe in the social exclusion literature.

Using the first three waves of the European Community Household Panel (ECHP), Whelan et al. (2001a) seek to establish the extent to which persistent income poverty is associated with multiple lifestyle deprivation, social isolation, and respondents' evaluations of their health. Their findings indicate that while the impact of persistent poverty is widespread, its relationship to social isolation is extremely modest. Furthermore, the degree of overlap between the range of disadvantages was considerably less than might have been anticipated on the basis of the theoretical literature on social exclusion.

Furthermore, recent research has begun to question the empirical and theoretical validity of some of the linkages implicit in social exclusion discourses: for example between poverty and social isolation, between unemployment, particularly long term, and social isolation and/or psychological ill-being. Comparative empirical data suggest that these linkages vary among social groups and on the basis of the duration of the experience of economic distress or unemployment (Leisering & Leibfried, 1999); but they also differ across countries according, inter alia, to the social security system, family arrangements and culture (Saraceno, 1997; Gallie & Paugam, 2000). Indeed, the cultural context can be important in assessing the impact of long-term unemployment. For example, social deprivation and homelessness related to exclusion from the labour market are more likely to be experienced by men than by women because the latter have other forms of social integration whereas for men long-term unemployment is very often perceived as a personal failure leading to their exclusion from the main institution of society.

The need to understand poverty dynamics has become more pressing as both popular and political discourse has increasingly referred to a new class of "losers" as reflected in labels such as the A-team and the B-team and the new underclass. However, as Esping-Andersen (1997) has stressed, the interpretation of such phenomena is dependent on the extent to which peoples' marginality is only temporary, or involves a degree of permanence, which may contribute to a further deterioration of life chances. Based on the first two waves of the ECHP, Whelan et al. (2000) analysis showed that poverty dynamics were predominantly a consequence of corresponding variations in overall poverty rates and short-term movements in such rates.

## Relevance to post-communist countries

The social status of several groups of the population was shaken during the transition period in post-communist countries and large-scale poverty became one of the most important social problems. Certain social groups are especially threatened by poverty such as the unemployed (who are, for a great part, long-term unemployed); single parent families; single elderly citizens, mainly women over seventy; families with three or more children as well as families with small children; people lacking vocational skills; citizens in certain types of localities (farms, small villages) and Roma/Gypsies.

Despite the growing anxiety of the population about economic and social insecurity, there is no explicit public discourse on poverty and exclusion. No national strategies were worked out to fight against deep poverty, or poverty in general. There were no endeavours to reduce inequalities, or to weaken the processes of exclusion. On the contrary there is a tendency to accept poverty as a natural corollary of social life, and also to blame the poor (Ferge, 2000).

The forecasts, by the advocates of shock therapy, predicting a rapid recovery turned out to be wrong. Both the economic recession and the social costs have been deeper than anticipated. Output and employment slumped to a degree unknown in Europe since the Great Depression. During the early 1990s real gross industrial output fell by about 40% in eastern Europe as a whole (ECE, 2000:228), unemployment reached unprecedented proportions, and poverty increased massively throughout the region. Despite the recent return to positive growth in most eastern European countries (except Yugoslavia and Romania and, to a lesser extent, Croatia and the Czech Republic), the average rate of unemployment in eastern Europe at the end of 1999 was at its highest level since the beginning of the transition (close to 15%, or some 7.6 million people).

Although estimates of poverty varied widely, there was general agreement about the magnitude of its increase during the first half of the 1990s. The total number of people living in poverty rose more than tenfold between 1988 and 1994 in the transition economies of eastern Europe and the former Soviet Union: from 14 million to over 119 million, raising the percentage of the population living below the poverty line (US$4 a day in 1990 Parity Purchase Power) from 4 to 32% (Ruminska Zimny, 1997:11). Changes in wealth and income distribution are among the most dramatic in the transition countries in recent years (table 2). The average Gini coefficient of disposable income rose from 24 to 33 during the first five years of the transition (Milanovic, 1998:40). To a large extent, the widening of income inequalities is attributable to a greater dispersion of earnings caused by larger wage differentials, lower participation rates and an increase in unemployment.

## Main characteristics of a social exclusion approach

### Do not just study the excluded

Social research on poverty and social exclusion is at risk of being marginalised if it cannot manage to place the situation of the excluded groups in a broader perspective. The day-to-day problems of socially excluded groups often seem so urgent that researchers are tempted to concentrate their attention on these groups. In order to fully comprehend the underlying mechanisms of social exclusion, the situation of excluded groups, and ways to enhance social (re)integration, we must place the problems in a broader perspective. Indeed, social exclusion is a process and what is important is not to focus only on the excluded, who are the last stage of the process, but to analyse the structural factors leading from a stage of integration to a stage of vulnerability and from that stage to the one of exclusion.

### Direct attention towards the processes

Many social studies are done by use of so-called cross-sectional data. We study a phenomenon at one given point in time. In this way we are naturally able to get an image of the social situation at this point, but these descriptions may also be very inadequate. We must strive to investigate the excluded by use of longitudinal data, preferably through panel studies. This means that the same individuals are followed over a longer period of time.

### Direct attention on previously untackled problems

Essential services include both basic services (for example water, gas and food) and infrastructure services (for example transport, telephone and basic financial services). Affordable access to such services is a crucial part of social inclusion. The contribution of essential private sector services within a national strategy for social inclusion should be built on the "minimum standards" approach. One reason for preferring this approach is that, by being universal, it can reach the substantial minority who are the intended direct beneficiaries of a social inclusion strategy.

It is also better for companies. Up-front negotiation to develop minimum service standards is far preferable to government taking wide-ranging powers to intervene to correct instances of unfavourable treatment – powers that the new Utilities Act in the United Kingdom (UK) has brought into being for the gas and electricity industries. The UK Government's National Strategy for Neighbourhood Renewal (2000) introduced an emphasis on core local services in highly deprived areas, alongside special initiatives. This is welcome, but it cannot be enough because only a minority of people in poverty actually live in these areas. The commitment to core public services in deprived areas should be extended to a general commitment to core public services for poor and excluded people in all areas.

### Shared responsibility between the society and the individuals

In a simplified way, one can see an ongoing trend towards active social policy and social activation redefining the individual versus collective responsibilities. For example, policies called "linking welfare and work" quite explicitly define the rights and obligations of the unemployed individual, the state and the employer/firms/the market. The emphasis has clearly moved toward social and individual responsibilities. The society, and in particular the public authority, has the duty to create the best environment possible for insertion (through social protection, education, training, health systems, employment services, etc.) but the individual has also the duty to involve himself in the process of insertion. This is the ethos of the new employment policy in the UK but it implies both advantages and disadvantages even from the individual's point of view.

*The central role of access to a decent job for (re)insertion*

Whatever the diagnosis chosen, it seems that the main policy response is social integration through employment. Within this response we can differentiate three types of directions. The activation approach aims to insert activation elements into the basic social benefits using both incentives and sanctions as persuasion techniques. As a relatively recent variant we can find here the insertion or integration contracts attached to the minimum benefits as a new conditionality. The tightening approach tends to restrict access to benefits, reduce the levels of compensation, restrict the duration of pay and so on. This kind of policy works as a push factor making the social protection less user-friendly. The third direction, which partially includes the previous ones, can be called low-pay policy. This approach seems to be the main means chosen to reduce unemployment in Europe.

For those who can work, governments hold up employment as the key to ending poverty. However, if employment really is to be the guarantee against poverty, a far more critical view of the nature of work is required. The first consideration here is obviously low pay, which remains endemic. The National Minimum Wage in the UK is currently set at an extremely cautious level, and has fallen in real terms since its introduction. Tax credits that raise the income of working households, whilst welcome, only treat the symptoms of low pay. Other aspects of a job that contribute to its quality include : a degree of certainty over working hours ; sick pay and pension provision ; opportunities for training and career development ; democratic representation at work ; and freedom from discrimination.

Poor living conditions and welfare are linked, perhaps more than anything else, to lack of work. In Norway for example, work is considered as the most important factor to develop a fairer distribution of income and wealth. It is considered essential that as many citizens as possible are able to support themselves through their own work. The authorities have therefore implemented some measures, which to a certain extent set out to limit the strong rise of the number of disability pensions that has been experienced in the last years. The aim of this is to give room to a labour market that also can include persons that do not have full working capacity. The government is thus trying to find more flexible ways for people to combine work and disability pensions. New arrangements and models are being tested out for this.

# TARGETING VERSUS UNIVERSALISM:
## ASSESSING THE NEW CONSENSUS ON
## MORE INDIVIDUALISED APPROACHES TO INSERTION

Recent changes in social policy in Europe have shown a progressive shift from universal towards targeted social policy. However, this shift has not had the same causes and effect everywhere. In eastern European countries after the transition, mass unemployment, poverty, urgent pension system problems, and the sharp economic recession led to reform of the past universal system. The limited resources of the state were targeted toward the most vulnerable groups. In western Europe, the development of targeted social policy results from the emerging consensus on the need for a more individual-oriented approach regarding active labour policies and insertion policies for vulnerable and excluded individuals. This new generation of social policies aims at fighting the social deprivation related to the exclusion process which affects the capability of the excluded not only to (re)integrate the labour market but also to have access to housing, social, education and health services.

An example of an area in which the relational focus is crucial is that of low skilled youth who have left school early. As a study on these youth in Turin, Italy, has indicated, there is no use either in forcing them back to school, since they have a very bad experience of their time there, nor is there any use in forcing them into dead-end, low qualified jobs, which will only confirm the unworthiness and lack of hope they have experienced in school. Rather they need to reconstruct trust in themselves and in the experiences offered to them: they need a time horizon and an accompanying person who supports them in a path in which, for them, work and school are linked in a meaningful way, which opens up the opportunity to discover and develop one's own capacity. Too often discourses on the learning society forget that there are individuals who have been severely scarred by their experience in school.

These more relational-oriented social policies require a more comprehensive approach in social work, which takes the general situation of the individual person into consideration. This again requires that offers are individually adapted and include necessary measures, even if these measures are the responsibility of other agencies. Partnership (co-operation between different sectors, authorities, agencies, etc.) is necessary. It is a risk that the system of assistance becomes very discretionary if rights of entitlement are unclear. Another risk is that the person may feel that she/he is up against the big system. It is important that the vulnerable people involved have an influence in finding the right solutions and in defining appropriate measures with the social authorities. Written action plans (agreements) may be a good instrument.

The relative merits of effective participatory mechanisms are of course to fix more public and political attention onto the interests of the weak groups in the society as well as possibly establishing more effective policies in terms of resources allocated. For all groups more targeted policies have been developed which aim to integrate excluded persons into more normal ways of life. Often the perception is that the problems of social exclusion are aggravated by general developments in society, which entails less robust social networks around the concerned person. Among the trends are unstable families, deteriorating coherence of local communities and high demands on skills and flexibility in the labour market. Social policies are more and more aiming at (re-)establishing some kind of network around the person, which may further a process of integration. Increasingly also, new partners are mobilised in the fight against lacking networks.

Specific measures have to be targeted in the sense that the specific problems should be addressed by special measures within the general system of social services. For example, there is no doubt that the situation has improved for some of the non-hospitalised mentally ill persons, through the development of social services combining sheltered housing, contact persons and affiliation to day centres. It has taken some years to develop the models, partly because responsibilities had to be clarified, and structures of co-operation between agents had to be established. The trend is towards services becoming more specialised in order to deal with groups with special problems. This development appears not to be stigmatising for the target groups, as it is taking place under the umbrella of the universal social security system. However, problems of feeling stigmatised have been reported among persons working in ordinary working places but with subsidised wages.

This targeted approach is not without problems and in some ways is not very well fitted with the social democratic welfare thinking. Indeed, all special programmes and sets of measures aimed specifically to improve the position of various deprived groups are seen as new strategies for a comprehensive policy frame where the overall objective is to keep income differentials moderate and the poverty rate low. The main reason for criticism towards this new targeted approach is the fear of increased stigmatisation of the poor, marginalisation of poverty issues in the society and a weakening of the traditionally strong legitimacy of the system.

First of all, a selective social policy where cash benefits and policy measures are targeted towards the most deprived is usually seen as more redistributive than a universal or insurance based social policy. By seeking those who need help most, one hopes to eradicate, or at least ameliorate, poverty and social exclusion. Such measures may, in turn, be evaluated through proofing of policy. However, there is a risk that this strategy may be at odds with its original intentions. One can here point to three major shortcomings of social policies.

## The problem of legitimacy

Research has shown how a universal, redistributive social policy is fundamental to reaching the most deprived with effective measures. This phenomenon is often termed the "paradox of redistribution" (Korpi & Palme, 1998). In brief, the paradox implies that the best way of guaranteeing acceptable standards for the poor/excluded within social policy measures is to make sure that the more privileged groups also benefit from these measures. In order to ensure basic consensus about social policies, all social groups that contribute to them also potentially benefit from them. Because this sort of system demands a relatively high level of taxation it is also important that a large majority of the population not only covers the cost but also gains in terms of child allowance, pensions, reasonable health care, etc. If the general social policy is constructed in this manner, the necessary selective policies targeted towards special groups may still be effective and profitable. If, on the other hand, social policies are dominated by selective and means-tested schemes, they risk losing the legitimacy needed to keep benefits and measures at a high level and to guarantee their financing.

## Stigmatisation

A selective social policy is likely to become stigmatising. The traditional distinction between the deserving and undeserving poor is latent in all policy specially targeted towards the poor/excluded. This is why selective social policies must be based on a universal social protection system in order to gain support among the broad masses. In this way there is less risk that beneficiaries are stigmatised. It is clear that a universal social policy creates a base that may give legitimacy to measures specially directed to those who have the greatest needs.

Thus, the more that beneficiaries are restricted to those with fewer options, the more a policy is perceived as being hopeless, inefficient (and in the case of income support even creating dependency). A study in Turin showed that in the most deprived neighbourhoods, in which the offer of municipal childcare services for the under-3-year-olds is greater than in other parts of the town, local parents who do not belong to the most deprived categories (the first in the queue) prefer not to enrol their children lest they be stigmatised for attending a service with a high concentration of social cases. As a consequence, these services are becoming a sort of ghetto for deprived children, while in other parts of town there are long waiting lists.

## Welfare bureaucracy

Social policy measures that are specially targeted towards the excluded and poor are almost invariably accompanied by an expanding administration. Indeed, there are two main problems with this phenomenon: First, a growing administrative apparatus increases total costs, but the percentage of these expenses that target groups directly benefit from decreases as wage expenditure and other administrative costs increase. Second, there are bound to be inherent growth mechanisms in an expanding welfare bureaucracy and a self-interest in the proliferation of the social problem(s) in question. Another problem is that targeting implies trust regarding both potential recipients' honesty and the adequacy and effectiveness of administrative bodies and monitoring procedures. One of the problems in introducing a programme similar to the RMI in Italy, for example, is the widespread opinion that people cheat on their income (also given the size of the informal economy), and that national and public administrations are not able to check actual incomes. Lack of trust in that field causes not only bad targeting but also lack of legitimacy.

Moreover, targeting also implies providing information to potential recipients; thus it implies an important work of communication, which is not only costly *per se*, but can increase the pool of beneficiaries while not necessarily avoiding the stigmatisation process.

Having said this, targeting has some virtues that should be underlined for their potentiality (in addition to the usually stressed and controversial one – the concentration of resources on the most needy):

- Targeting may help identify problem areas, orient resources, re-appraise critically existing policies, compel governments to be monitored and assessed on their own terms.

- Targeting may involve not stigmatisation but highly effective intervention. Within a universal approach, loose targeting may operate as a kind of awareness of individual specific needs and social differences and it can avoid standardised policies, which may not solve real problems of disadvantaged people. Abstract universalism may be blind and insensitive to specific circumstances and to social and biographical differences in capabilities. Thus, for instance, in many countries, including the most universal in approach, there is an increasing awareness that in social assistance one needs to be sensitive to the cultural outlook of immigrants. In addition, the universalistic approach of public schools has had to accommodate some degree of cultural diversity.

To conclude, it is important in the policy making process not to focus only on the micro level but to articulate the macro, the meso and the micro level. Whatever the efficiency of targeted policies, any successful social policy to fight poverty and exclusion must combine two main elements: firstly, a universal social protection system with income related benefits as main ingredients; secondly, an economic policy based on full employment as one of the most important goals.

### The European Social Charter – 40 years of existence

The European Social Charter is a Council of Europe treaty signed in 1961. It protects human rights and in particular guarantees social and economic rights. Three protocols were added to the Charter: the additional Protocol in 1988, the Amendment Protocol in 1991, which considerably improved the control mechanism of the Charter, and the Protocol of 1995 concerning collective complaints.

Finally, in 1996, the **revised Social Charter** was opened for signature. It entered into force on 1 July 1999 and will progressively replace the first Charter. It includes new rights and, in particular, the right to protection against poverty and social exclusion.

### Guaranteed rights according to the European social charter and the revised Social Charter

#### The right to housing

The **Charter** requires states to carry out housing policies adapted to the needs of families The **revised Charter** invites states to reduce homelessness and to provide everyone with access to decent housing at a reasonable price.

#### The right to health

Under the **Charter**, states must have an effective health care structure for the whole population and implement policies for the prevention of illness. States must also take measures to ensure health and safety at work and supervise their application. The **revised Charter** lays emphasis on occupational risk and accident prevention.

#### The right to education

The **Charter** prohibits work for children under 15 years of age, particularly in order for them to complete their education. It obliges states to provide free guidance services and a system of both initial and further training and to make sure these programmes are designed to give everyone access to the labour market. The Charter also states that individual aptitude should be the only condition for access to higher and university education. The **revised Charter** requires states to guarantee free primary and secondary education.

#### The right to employment

Neither the **Charter** nor the **revised Charter** obliges states to aim to achieve full employment, but it stressed the right to work for everyone. They both also oblige the states to ensure just conditions of employment in relation to remuneration, working hours and health and safety.

In the field of professional relations, the charters guarantee the freedom to form trade unions and employers' organisations to protect their economic and social interests. In certain circumstances professional disputes may still arise and the charters recognise the right of the social partners to lead them, in particular through the right to strike.

*The right to social protection*

Under the **Charter**, states must guarantee the right to the protection of health, social security, social assistance and social services. It lists the special measures which must be taken for the elderly. The **revised Charter** guarantees the right to protection against poverty and social exclusion.

*The right to non-discrimination*

The **Charter** prohibits discrimination in the implementation of the rights it protects. It underlines in the various articles concerned, that these rights must be ensured without distinction as to sex, age, colour, language, religion, opinions, social origin, health, association with a national minority, etc. A specific article on non-discrimination in the **revised Charter** strengthens this prohibition.

**States which have ratified the revised European Social Charter**

On 18 October 2001, the fortieth anniversary of the Social Charter, all forty-three member states signed the European Social Charter or the revised Charter:

The **Charter** has been ratified by Austria, Belgium, Czech Republic, Denmark, Finland, Germany, Greece, Hungary, Iceland, Luxembourg, Malta, the Netherlands, Poland, Portugal, Slovakia, Spain, Turkey and the United Kingdom.

The **revised Charter** has been ratified by Bulgaria, Cyprus, Estonia, France, Ireland, Italy, Norway, Romania, Slovenia and Sweden.

The **Charter** or the **revised Charter** has been signed but not yet ratified by Albania, Andorra, Croatia, Georgia, Latvia, Liechtenstein, Lithuania, Moldova, Russian Federation, San Marino, Switzerland, "the former Yugoslav Republic of Macedonia" and Ukraine.

**Supervision of the application of the European Social Charter**

After the reports submitted by the states to the Council of Europe are examined, the European Committee of Social Rights (ECSR) assesses whether the states have respected their undertakings. The conclusions of the ECSR are transmitted to the Governmental Committee. The committee examines and points out the situations that must be subject to recommendations to states that they change the legislation, regulations or practice not in conformity with the Charter's obligations.

**Possibilities of appeal**

Trade unions, employers' organisations and NGOs may appeal to the ECSR where they consider that the Charter is not respected in a state. The ECSR examines the appeal according to a certain number of criteria and decides firstly whether it is admissible and then whether or not the provision in question is respected. In the case of a breach of the Charter, the Committee of Ministers recommends that the state concerned take measures to remedy the situation.

This is an optional procedure. To date, Cyprus, Finland, France, Greece, Italy, Norway, Portugal, Slovenia and Sweden have accepted it.

# NEW PARTNERSHIPS IN THE FIGHT AGAINST SOCIAL EXCLUSION: TOWARDS A NEW REDEFINITION OF THE ROLE BETWEEN THE STATE, THE PRIVATE SECTOR, THE CIVIL SOCIETY AND THE CITIZENS

The notion of insertion path *(parcours d'insertion)* is multidimensional. It is referring to multiple needs, multi-actors measures and partnerships, and multilevel actions, not only in the professional sphere but also in the family, housing or education ones. The socio-professional insertion policies are more and more important in the political answer to the unemployment problem in the European Union. There is a large consensus on a sequential conception of the insertion path, which can be divided in four distinct stages, each one aiming at improving the capability of the individuals trapped into precariousness. Stage 1 is targeting those individuals most affected by social exclusion. It is about the (re)socialisation of the individual as a necessary basis to the following stages; stage 2 aimed at giving the core education to the individuals to allow them to get in fruitfully into the training process; stage 3 is about professional training, and stage 4 is about the transition to employment through, for example, some assistance from personal advisers for contacting employers or preparing a curriculum vitae.

With their experience, insight and commitment, the voluntary and community sector organisations that get close to poverty and exclusion ought to be seen as government's natural allies in a strategy for social inclusion. In practice, however, their effectiveness is constrained by a series of problems. Some of these are to do with the finances available for service provision. Others stem from a failure to recognise the value of organisations, which act as advocates and campaigners, pressing the interests of the poor and excluded groups they work with and for.

At least three kinds of mechanisms are needed if we try to get the poor and excluded to become more involved. These are (i) more grassroots, soft and tacit knowledge for policy shaping and assessment; (ii) more information and participation about the coming and ongoing plans and reforms for the target population enabling a process of ownership; and finally (iii) prerequisites for "shadowing", that is providing space for pressuring and organising special hearings and consultations in public bodies during the formal preparatory procedures.

It seems that local partnerships are relatively successive tools in fighting social exclusion especially in countries where social policy is relatively regionalised or even localised (decentralised). In a country like Finland where the public dominance is still a very central feature of social policy, the local partnerships are mostly formations between local authorities and NGOs. Trade unions and employers' organisations are less active on a local level. On the national level things have developed slightly differently. Before the last parliamentary elections a relatively loose but powerful formation or network of political and trade union actors and employer's organisations plus NGOs provided their own analysis of poverty and exclusion in the country and, based on this, advocated a stronger political commitment from the government to tackle poverty. This partnership was indeed quite successful with this aim and it still works as a kind of shadow body to monitor the political development. The network was established and chaired by the Evangelic Lutheran Church of the country. The European Anti-Poverty Network Finland (EAPN-Fin) is also a kind of partnership organisation that now has a clear position *vis-à-vis* the state authorities.

In Denmark, for example, two – interrelated – main lines of social and labour market policy have been launched to increase employment among marginalised groups. The Activation Line – which involves the mobilisation of public authority, employers, trade unions and associations – aims at getting all unemployed and all people on social assistance into work or – if necessary – to be activated, that is, to participate in training/education or publicly supported work. Activation is both a right and an obligation for the person. Increasingly the Activation line is implemented in relation to other groups without work, for example persons on sickness benefit and disability pension. The policy is that everyone with at least some working capacity should have a job and work in order to develop and make use of human resources to the assumed benefit of both the persons themselves and society.

Policies stressing both individual and social responsibilities seem to work to some extent, but there are limits. The social responsibility of the companies is already there for the insiders. It is more difficult to appeal for a responsibility towards outsiders with reduced working capacity unless wage subsidies are part of the package. Even then the attitudes of already employed seems to be very important. Urban renewal programs have had some success in including the housing companies and social housing associations in social interventions. Again they have an interest in improving the situation for the residents already there – the insiders – but they are less eager to take upon themselves a responsibility for the problems of the wider society, meaning problematic newcomers.

The second line aims at the demand side of the labour market and may be subsumed under the headline "The Open Labour Market". As part of this line a campaign was launched in Denmark in 1994 to increase the social responsibility of the enterprises, directed at both the public sector and private companies. The theory is that the problems of unemployment and social problems cannot be solved solely by public authorities (the welfare state). Enterprises must also play an active role in a new partnership for social cohesion. The campaign includes activities like local partnerships, seminars, issuing awards to the most socially responsible company, newsletters, and development of social accounting and regional networks of managers. The line is backed by legislation, for example on wage subsidies to employers hiring persons with a reduced capacity for work, and most recently the law on disability pension has been changed in order to further the possibilities of some kind of affiliation to working life.

# Main issues regarding monitoring and assessing social policy to fight exclusion

There is a crucial need for evaluations of resource demanding activities. It is naturally important to be able to assess whether social policy measures are cost effective, although this task is not at all easy. In complex societies such as ours it is usually difficult to isolate the effects of one measure from all other simultaneous changes. And the task is not made easier when the aims of the policy or program are vague and are in general terms about social integration. However, this is not a reason for not trying to evaluate on effects as far as possible. In fact, the social research community is responsible for this situation, as they give up far too soon. Even when the outcome of a policy is relatively well defined – for example, employment in the case of activation measures – effects are rarely assessed in a systematic way. And the interventions are not designed in a way which allows for such an assessment, partly because of the lack of interest from social researchers.

In the Netherlands, the evaluation of the Urban Committee Program shares the characteristics of the many evaluations and studies, which have been worked out on measures and interventions implemented within the social policy field. Only very few studies are actually able to answer questions about effects of the interventions. Knowledge about what works or what works better is not accumulated in any systematic way, although studies and evaluation reports are worked out on almost all programs, projects and experiments. Of course experience is an outcome for the persons and agencies involved. And the reports may serve as catalogues for ideas to follow or be elaborated on for other project makers. But real evidence on effects of policies almost does not exist, and policymakers are free to design policies without having to take into consideration experiences of previous programmes.

But evaluating the impact of social policies to fight social exclusion is by itself very demanding regarding both resources and data. It requires a multidimensional set of indicators including quantitative and qualitative indicators related to material and immaterial aspects of life and longitudinal studies to follow the effectiveness of the policies in the time.

Moreover, policy measures often have unintended consequences, such as in the Swedish housing program during the 1970s, when one million apartments were built in a decade. As a result, a number of previously homeless persons has access to housing, but one unintended consequence was that the number of evictions rose very rapidly. For most people the housing program meant a substantial improvement in living conditions, but sufficient housing was not the answer to everyone's problems. The growing group of evicted persons was mainly composed of the previously homeless. The problems of homelessness could not be solved by simply providing housing – their needs were more complex and vast than that.

Finally, a general but often neglected, problem of measuring poverty and social exclusion is that the poor and excluded may be under-represented in social surveys: "Non-respondents typically are less educated than respondents, hold lower occupational status, and are likely to have low incomes. In many investigations, non-response has also been proved to be higher among the unemployed and the elderly than the workers and the young." And one might add: geographic concentrations of non-response – such as we find in the larger cities of the Netherlands – may very well correlate with concentrations of the poor and excluded. Thus all the target groups for the current programs on social cohesion and social exclusion are prone to non-response, which may lead to unwarranted favourable conclusions.

# BIBLIOGRAPHY

Abrahamson, P. (1997), "Combating Poverty and Social Exclusion in Europe", in Beck, W., van der Maesen, L. & Walker, A. (eds), *The Social Quality of Europe*, Bristol: the Policy Press

Andreß, H.-J. & Schulte, K. (1998), "Poverty Risks and the Life-cycle the Individualisation Thesis Reconsidered" in Andreß, H.-J. (ed.), *Empirical Poverty Research in Comparative Perspective*, Aldershot: Ashgate

Atkinson, A.B. (1998), "Social Exclusion, Poverty and Unemployment" in Atkinson, A.B. & Hills, J. (eds), *Exclusion, Employment and Opportunity*, Centre for Analysis of Social Exclusion, CASE paper 4, London School of Economics

Bhalla, A. & Lapeyre, F. (1999), *Poverty and social exclusion in a global world* London: Macmillan

Beck, U. (1992), *Risk Society*, London: Sage

Berghman, J. (1996), "Social Exclusion in Europe: Policy Context and Analytical Framework" in Room, G. (ed.), *Beyond the Threshold: The Measurement and Analysis of Social Exclusion*, Bath: Policy Press

Callan, T., Nolan, B. & Whelan, C.T. (1993), "Resources Deprivation and the Measurement of Poverty", *Journal of Social Policy*, No. 222, pp. 141-72

Castel, R. (1995), *Les métamorphoses de la question sociale*, Paris: Fayard

Centre d'Etude des Revenus et des Coûts (CERC) (1993), *Précarité et risques d'exclusion en France* Paris: La Documentation française

Economic Commission for Europe, (2000), Economic Survey of Europe, No. 1, Geneva: ECE

Eurostat (2000) *European Social Statistics: Income Poverty and Social Exclusion*

Esping-Andersen, G. (1997), *Social Foundations of Post-Industrial Economies*, Oxford: Oxford University Press

Friedrichs, J. (1998), "Do Poor Neighbourhoods Make their Residents Poorer? Context Effects of Poverty Neighbourhoods on Residents" in Andreß, H.-J. (ed.), *Empirical Poverty Research in Comparative Perspective*, Aldershot: Ashgate

Fahey, T. et al. (1999), *Social Housing in Ireland: A Study of Success, Failure and Lessons Learned*, Dublin: Oak Tree Press

Fahey, T. & Williams, J. (2000), "The Spatial Distribution of Disadvantage in Ireland" in Nolan, B., O'Connell, P.J. & Whelan, C.T. (eds), *Bust to Boom? The Irish Experience of Growth and Inequality*, Dublin: Institute of Public Administration

Ferge, Zs. et al. (eds) (2000), "Implementing the Copenhagen Commitments adopted at the World Summit for Social Development. Copenhagen", 1995. Civil report for Hungary 2000. May 2000. Report of the National Committee of ICSW – Alliance of Social Professionals for the Copenhagen +5 Special Session of the UN. The Geneva 2000 Forum, Geneva, June 2000

Gans, H.J. (1990), "Deconstructing the Underclass: The Term's Danger as a Planning Concept", *Journal of the American Planning Association*, No. 56, pp. 271-7

Gordon, D. et al. (2000), *Poverty and Social in Exclusion in Britain*, York: Joseph Rowntree Tree Foundation

Gordon, D. (2000), "Absolute and Overall Poverty: A European History and Proposal for Measurement", in Gordon, D. & Townsend, P. (eds), *Breadline Britain: The Measurement of Poverty*, Bristol: Policy Press

Hills, J. (1999), "Social Exclusion, Income Dynamics and Public Policy", Annual Sir Charles Carter Lecture; Belfast: Northern Ireland Economic Development Office

Howarth, C. & Kenway, P. (1998), "A Multi-dimensional Approach to Social Exclusion", in Oppenheim, C. (ed.) *An Inclusive Society: Strategies for Tackling Poverty*, London: IPPR

Kleinman, M. (1998), *Include me Out? The New Politics of Place and Poverty*, Centre for the Analysis of Social Exclusion, CASE Paper 11, London School of Economics

Kronauer, M. (1998), "'Social Exclusion' and 'Underclass' – New Concepts for the Analysis of Poverty" in Andreß, H.-J. (ed.), *Empirical Poverty Research in Comparative Perspective*, Aldershot: Ashgate

Layte, R., Maître, B., Nolan, B. & Whelan, C.T., (forthcoming a), "Persistent and Consistent Poverty: An Analysis of the First Two Waves of the European Community Household Panel", *Review of Income and Wealth*

Layte, R., Maître, B., Nolan, B. & Whelan, C.T. (forthcoming b), "Explaining Deprivation in the European Union", *Acta Sociologica*, vol. 44

Layte, R., Nolan, B. & Whelan, C.T. (2000), "Cumulative Disadvantage and Polarisation", in Nolan, B., O'Connell, P.J. & Whelan, C.T. (eds), *Bust to Boom? The Irish Experience of Growth and Inequality*, Dublin: Institute of Public Administration

Levitas, R. (2000), "What is Social Exclusion", in Gordon, D. & Townsend, P. *Breadline Britain: The Measurement of Poverty*, Bristol: Policy Press

Milanovic, B. (1998), *Income, Inequality, and Poverty during the Transition from Planned to Market Economy*, Washington: World Bank.

Nolan, B. & Whelan, C.T. (1996), *Resources, Deprivation and the Measurement of Poverty*, Oxford: Clarendon Press

Nolan, B. & Whelan, C.T. (1999), *Loading the Dice: A Study of Cumulative Disadvantage*, Dublin: Oak Tree Press

Nolan B. & Whelan, C.T. (2000), "Urban Housing and the Role of 'Underclass' Processes: the Case of Ireland", *Journal of European Social Policy*, No. 10, 1, pp. 5-21

Paugam, S. (1993), *La société française et ses pauvres: L'expérience du Revenu minimum d'insertion*, Paris: Presses Universitaires de France

Paugam, S. (1996), "La Constitution d'un paradigme" in Paugam S., (ed.), *L'exclusion: L'état des savoirs*, Paris: Editions La découverte

Paugam, S. (1996b), "The Spiral of Precariousness: A Multidimensional Approach to the Process of Social Disqualification in France", in Room, G. (ed.), Beyond *the Threshold: The Measurement and Analysis of Social Exclusion*, Bath: Policy Press

Room, G. (ed.) (1995), *Beyond the Threshold. The Measurement and Analysis of Social Exclusion*, Bath: Policy Press

Room, G. (ed.) (1999), "Social Exclusion, Solidarity and the Challenge of Globalisation", *International Journal of Social Welfare*, No. 8, pp. 166-74

Ruminska Zimny, E. (1997), *Human Poverty in Transition Economies: Regional Overview for HDR 1997*, Occasional Papers No. 28, New York: UNDP

Silver, H. (1994), "Social Exclusion and Social Solidarity: Three paradigms", *International labour Review*, 133, 5-6, pp. 531-78

Silver, H. (1996), "Reconceptualizing Social Disadvantage: Three paradigms of social exclusion" in Rodgers, G., Gore, C. & Figuieredo, J.B. (eds), *Social Exclusion: Rhetoric Reality Responses*, International Institute for Labour Studies

Townsend, P. (1998), "Deprivation", *Journal of Social Policy,* 16, p. 2

Whelan, C.T., Layte, R., Maître, B., & Nolan, B. (2000), "Poverty Dynamics: An Analysis of the 1994 and 1995 Waves of the European Community Household Panel Study", *European Societies*, Vol. 2, No. 4, pp. 505-31

Whelan, C.T., Layte, R., Maître, B. & Nolan, B. (forthcoming a), "Income, Deprivation and Economic Strain" *European Sociological Review*, 17, 4

Whelan, C.T., Layte, R., Maître, B. & Nolan, B. (forthcoming c), "Income and Deprivation Approaches to the Measurement of Poverty in the European Union", in Muffels, R. & Tsakloglou, P. (eds), *Social Exclusion in European Welfare States*, Elgar/Blackwell

Whelan, C.T., Layte, R., Maître, B. & Nolan, B. (2001a), *Persistent Income Poverty and Deprivation in the European Union: An Analysis of the First Three Waves of the European Community Household Panel*, European Panel Analysis Group Working Paper 17

Whelan, C.T., Layte, R., Maître, B. & Nolan, B. (2001b), *What is the Evidence for Multiple Disadvantage in EU Countries?*, European Panel Analysis Group Working Paper

Wilson, J. (1987), *The Truly Disadvantaged: The Inner City, the Underclass and Public Policy*, Chicago: Chicago University Press

# Promouvoir le débat
# sur les politiques de lutte
# contre l'exclusion sociale
# d'un point de vue comparatif

- assurer l'intégration avec dignité des migrants et combattre toute forme de racisme et discrimination ;
- faire de la diversité culturelle et ethnique une source de force pour les sociétés.

Ces différents points montrent la complexité des aspects et des domaines que recèle le concept de cohésion sociale. En effet, il se situe à la base de la démocratie et fait appel à la recherche de logiques de complémentarité entre acteurs et institutions. Il vise à donner une pleine expression aux capacités individuelles des personnes, groupes sociaux et organisations et éviter des formes de marginalisation et d'exclusion, en réduisant les risques d'abandon et gaspillage des ressources humaines. Finalement, il est un garde-fou contre toutes les formes de fanatisme, en permettant aux identités et cultures différentes de s'exprimer.

En portant l'effort sur la réflexion autour du concept et de la recherche de modalités de mise en œuvre et d'évaluation des politiques qui le sous-tendent, la DG III – Cohésion sociale du Conseil de l'Europe vise à faire de la cohésion sociale une pratique courante systématisée.

Cette publication se propose de formaliser les pratiques, d'analyser et diffuser des méthodes, outils et instruments qui peuvent favoriser la cohésion sociale.

*Gilda Farrell*

**Chef de la Division pour le développement
de la cohésion sociale
DG III – Cohésion sociale
Conseil de l'Europe**

Toute insuffisance dans l'accès à un de ces domaines joue contre la cohésion sociale. Cette idée est clairement affirmée dans la Stratégie de cohésion sociale du Conseil de l'Europe, qui constitue un instrument de réflexion pour ses Etats membres. L'on y relève bon nombre de questions sur la manière de :

- rendre effectifs les droits sociaux et économiques et permettre aux citoyens de faire valoir et réclamer leurs droits par le biais de procédures adéquates ;

- prévenir une société à deux vitesses, dans laquelle certains jouissent de prospérité tandis que d'autres sont confinés et stigmatisés dans la marginalité ;

- rendre efficace la lutte contre la pauvreté et combattre l'exclusion sociale, en incluant l'inclusion des technologies de l'information et autres moyens d'information et communication ;

- réduire des niveaux inacceptables de chômage et promouvoir l'accès à l'emploi avec des politiques économiques et des mesures de soutien appropriées, surtout pour les plus faibles ;

- améliorer la qualité des services publics et s'assurer que tous les citoyens y aient effectivement accès ;

- rejoindre et entretenir un niveau convenable de protection sociale dans un contexte ou les pressions pour une révision des concepts et des approches traditionnelles augmentent ;

- répondre aux besoins des populations âgées, en incluant un système de retraite adéquat et l'établissement de la solidarité intergénérationnelle ;

- renouveler les sens de la solidarité sociale et de la responsabilité mutuelle au sein de la société ;

- répondre aux changements dans les modèles de vie familiale (par exemple par la réconciliation de la vie familiale avec la vie de travail) ;

- développer des politiques de protection et de participation des enfants et de la jeunesse dans la société ;

- créer les conditions pour l'intégration et l'accès aux droits des personnes handicapées et des groupes les plus vulnérables de la société ;

## AVANT-PROPOS

Cette nouvelle série de publication « Tendances de la cohésion sociale » a
été mise en place par la Division pour le développement de la cohésion
sociale du Conseil de l'Europe afin de créer un espace d'observation et
d'analyse des évolutions de la cohésion sociale au sein des pays membres
du Conseil de l'Europe. Au fil des numéros, elle proposera des thèmes de
réflexion sur des sujets cruciaux dans les domaines de la protection et de
la cohésion sociale. Son objectif sera aussi d'assurer la visibilité et une plus
large diffusion des résultats des travaux effectués et financés par le Conseil
de l'Europe dans le cadre de ses activités de promotion de la cohésion
sociale dans ses quarante trois Etats membres.

La cohésion sociale, dans l'acception que lui donne la Direction générale
de la cohésion sociale du Conseil de l'Europe, est un concept qui englobe
une série de valeurs et de principes visant à assurer que tous les citoyens,
indistinctement et sur un même pied d'égalité, aient accès aux droits sociaux
et économiques fondamentaux. La cohésion sociale est un concept-phare,
qui rappelle constamment le besoin d'être collectivement attentifs et sen-
sibles à toute forme de discrimination, inégalité, marginalité ou exclusion.

Pour le Conseil de l'Europe, la cohésion sociale n'est pas un concept homo-
généisateur, basé uniquement sur des formes traditionnelles d'intégration
sociale, qui pourtant sont importantes, telles que l'identité, le partage de
la même culture, l'adhésion aux même valeurs. C'est surtout un concept pour
une société ouverte et multiculturelle.

Le sens de ce concept peut néanmoins varier selon l'environnement socio-
politique dans lequel il s'exprime. Pour cette raison, l'objectif principal de
cette publication est de clarifier le contenu et la valeur du concept de cohésion sociale dans les différents contextes et traditions nationales.

Du point de vue opérationnel, nous entendons par stratégie de cohésion
sociale toute forme d'action visant à assurer que chaque citoyen, chaque
individu puisse disposer, au sein de sa collectivité, des possibilités d'accès :

- aux moyens de couvrir les besoins de base ;
- au progrès ;
- à la protection et aux droits légaux ;
- à la dignité et à la confiance sociale.

# SOMMAIRE

# INTRODUCTION

La Direction générale cohésion sociale du Conseil de l'Europe a organisé, les 14 et 15 juin 2001, un atelier intitulé «Vers des approches novatrices d'évaluation des nouvelles politiques sociales de lutte contre l'exclusion sociale». Cet atelier visait à mobiliser un réseau d'instituts nationaux de recherche dans le domaine social afin de promouvoir le débat sur les options disponibles pour améliorer la conception des politiques sociales, à la lumière des connaissances nouvelles issues des grands programmes de recherche actuels sur la pauvreté et l'exclusion sociale. L'atelier s'est efforcé d'attirer l'attention sur les politiques sociales qui méritaient l'attention en matière de lutte contre l'exclusion. Il a visé aussi à apporter des éléments utiles pour de meilleures politiques et analyses sociales. Le niveau élevé du groupe d'experts présents et la qualité des documents préparés par les participants, ont permis de mener des discussions profondes et fructueuses sur des aspects essentiels des politiques sociales de lutte contre la pauvreté et l'exclusion.

L'atelier a fourni l'occasion d'analyser les grandes différences qui existent entre les approches et les régimes sociaux d'Europe orientale et d'Europe occidentale, mais aussi entre les pays nordiques et les autres pays membres de l'Union européenne. Il a mis l'accent sur les principaux problèmes sociaux qui dominent le débat social dans les différents pays, et les programmes de recherche menés par les instituts des chercheurs. Les chercheurs ont aussi échangé leurs avis sur diverses politiques novatrices mises en œuvre en Europe. Ils ont aussi pu identifier des problèmes spécifiques communs, et discuter de leurs conséquences sur le plan des politiques sociales.

L'atelier a constitué une première étape dans le processus lancé par le projet de réseau de chercheurs en sciences sociales afin de rendre opérants des concepts sur la base desquels les décideurs pourront mettre au point des politiques sociales efficaces. En effet, si ce concept est relativement nouveau à l'Ouest, et engendre beaucoup de débats et de controverses, il l'est encore bien davantage à l'Est, où il n'a pas encore de définition claire. Les chercheurs d'Europe orientale ont exposé les problèmes que leur pose la notion d'exclusion tant pour les analyses que pour sur le plan opérationnel. Cet exercice a donc contribué à l'adoption par les chercheurs en sciences sociales d'Europe orientale de nouveaux concepts d'action. Par leur travail collectif, les participants ont relevé les caractéristiques et la valeur ajoutée d'une telle approche pour la conception des politiques sociales, que ce soit en Europe orientale ou occidentale.

Le texte qui suit repose sur les documents d'information écrits par les participants et sur les discussions menées au cours de l'atelier. Nous tenons à remercier les participants à l'atelier pour leur contribution : Peter Kenway, New Policy Institute, London ; Katalin Tausz, Eötvös Lorand University, Budapest ; Miroslava Obadalova, Research Institute for Labour and Social Affairs, Prague ; Michel Chauvière, CNRS, Groupe d'analyse des politiques publiques, ENS de Cachan ; Marthe Nyssens, IRES et CERISIS, Université catholique de Louvain ; Sten-Åke Stenberg, Swedish Institute for Social Research ; Chiara Saraceno, Dipartimento di Scienze Sociali, Università di Torino ; Chris Whelan, ESRI, Dublin, Cok Vrooman, Social and Cultural Planning Office, The Hague ; Torben Fridberg, The Danish National Institute of Social Research ; Kazimierz W. Frieske, Institute of Labour and Social Studies in Warsaw ; Arne Tesli, Norwegian Institute for Urban and Regional Research (NIBR) ; Matti Heikkila, STAKES, Helsinki.

Nous tenons aussi à remercier, tout particulièrement, le Gouvernement des Pays-Bas pour le soutien qu'il a accordé à ce projet.

## DÉFINIR UNE APPROCHE DE L'EXCLUSION SOCIALE

La notion d'exclusion sociale est relativement récente dans la littérature anglo-saxonne, mais elle gagne rapidement en notoriété et est à présent couramment utilisée tant par les chercheurs que par les décideurs (Bhalla et Lapeyre, 1999). Elle a été forgée en France par les sociologues préoccupés par l'émergence des problèmes sociaux engendrés par les transformations socio-économiques des années 80. Elle se réfère à la rupture des liens sociaux qui résulte du processus de disqualification sociale (Paugam, 1993) ou de désaffiliation sociale (Castel, 1995), liée au retour massif de la vulnérabilité sociale et économique dans les pays industrialisés. L'insécurité croissante d'une partie de la population en matière d'accès à un emploi, à des revenus, un logement, des services de santé et une éducation décents, qui affecte une partie encore plus grande de la population, va de pair avec les nouvelles perspectives économiques d'autres personnes qui savent tirer parti du potentiel de prospérité qu'engendre l'économie mondiale.

Paugam (1996a : 14) affirme que ce concept n'occupe le devant de la scène en France que depuis le début des années 90, quand les analyses et la réflexion sur le fonctionnement du revenu minimum d'insertion (RMI) a commencé à modifier la conception traditionnelle de la pauvreté.

L'accent a davantage été mis sur le cheminement qui mène de la précarité à l'exclusion, au sens d'une exposition au cumul des handicaps et d'une rupture progressive des liens sociaux. Un processus que Paugam (1996b) qualifie de « spirale de la précarité ». Les « pauvres » sont envisagés comme un groupe hétérogène, et l'on a insisté sur la nécessité de passer d'une définition statique de la pauvreté, fondée uniquement sur les revenus, à une perspective dynamique et multidimensionnelle. Ces raisonnements s'harmonisent avec les théories selon lesquelles le pouvoir explicatif du concept de classe sociale s'amenuise, et que les inégalités dans les perspectives d'avenir ne sont plus structurées de manière significative par la classe auxquelles les personnes appartiennent (Andreß et Schulte, 1998 ; Beck, 1992). Dès lors, la notion d'exclusion sociale soulève des questions qui associent une évolution des processus de cause à effet et des résultats qualitativement différents. La notion d'exclusion sociale n'acquiert un sens que par une référence implicite à des idées normatives au sujet de ce que signifie le fait d'appartenir et de participer à la société (Silver, 1994, 1996). La notion d'exclusion sociale n'a aucun sens si l'on ne la relie pas à l'histoire et à la prospérité de l'Etat-providence d'après la seconde guerre

mondiale, parce qu'elle présuppose une contrepartie, une conception partagée de ce que signifie le fait d'être inclus. Son émergence est directement liée à la menace que les forts taux de chômage ont fait peser, depuis les années 80, sur les schémas nationaux d'intégration (Kronauer, 1996).

---

**Le Projet Dignité humaine et exclusion sociale (1994-1998)**

Le Projet Dignité humaine et exclusion sociale (HDSE), initiative paneuropéenne lancée en 1994 par le Conseil de l'Europe et menée à terme en 1998, a permis :

- d'analyser l'Etat de la pauvreté et des exclusions sociales en Europe ; et

- de proposer des pistes d'action, validées par la conférence finale du projet, qui s'est déroulée à Helsinki du 18 au 20 mai 1998, en abordant cinq principaux thèmes : la santé, le logement, l'emploi, la protection sociale et l'éducation.

*1. Le rapport HDSE : synthèse des travaux de recherche*

Le rapport de synthèse *Opportunités et risques : les tendances de l'exclusion sociale en Europe* a été élaboré par M^me Katherine Duffy (Directrice de recherche pour le projet HDSE) sur la base de rapports nationaux et thématiques concernant les cinq domaines stratégiques cités ci-dessus.

Il attire l'attention sur les chances et les dangers découlant de l'évolution des situations d'exclusion sociale et met en évidence les grands problèmes ainsi que les groupes les plus exposés. Il conclut par le fait que l'exclusion sociale est un risque inhérent aux sociétés libérales et que les gouvernements qui aspirent à la cohésion sociale doivent s'employer plus activement à réduire ce risque et les frustrations qu'il entraîne.

Par ailleurs, des groupes de travail avaient été mis en place pour examiner, en adoptant une approche multidimensionnelle, les quatre thèmes suivants :

- droits et groupes vulnérables (rapporteur : Bruno Romazzotti) ;

- réseau familial et personnel des groupes défavorisés (rapporteur : Solange Choppin de Janvry) ;

- le rôle de la société civile dans la lutte contre la pauvreté et l'exclusion sociale (rapporteur : Ruth Brand) ;

- le niveau local d'intervention : les pouvoirs publics et les collectivités locales (rapporteur : Jean-Marie Heydt).

*2. La Conférence finale d'Helsinki (18-20 mai 1998)*

Le Conseil de l'Europe a organisé une grande conférence finale, du 18 au 20 mai 1998 à Helsinki, pour présenter et examiner les résultats du Projet HDSE.

Cette conférence a rassemblé plus de 300 personnes, représentant tous les Etats membres du Conseil de l'Europe et tous les partenaires du projet. Elle a défini les

priorités du Conseil de l'Europe dans le combat qu'il mène contre la pauvreté et l'exclusion sociale en collaboration avec tous les autres acteurs concernés et a adopté une série de propositions d'action dans les domaines suivants :

**La santé :** Les travaux devraient se centrer sur la prise en compte spécifique des besoins en soins des populations en difficulté par l'adaptation des réponses sanitaires et sociales et l'égalité d'accès passant notamment par une couverture sociale universelle.

**Le logement :** Les défis en matière d'accès ou de maintien dans le logement des groupes défavorisés concernent tous les Etats. Il faudra répondre à l'urgence et prévenir les expulsions, ainsi qu'élaborer des politiques territoriales (urbanisation, politique de la ville, revitalisation rurale).

**L'emploi :** Dans ce domaine, il convient d'agir pour : promouvoir l'insertion/réinsertion des groupes défavorisés et exclus ou marginalisés sur le marché du travail ; renforcer les politiques d'égalité des chances et de traitement des groupes défavorisés sur le marché du travail, en s'attaquant, d'une part, à la discrimination entre les femmes et les hommes, envers les migrants, les groupes ethniques défavorisés et les personnes handicapées, et d'une autre, en favorisant la conciliation de la vie professionnelle et familiale et la réintégration dans la vie active.

**La protection sociale :** Il s'agit de cibler les priorités sur l'analyse des obstacles conduisant au non-accès ou à la perte des prestations de sécurité sociale et sur l'étude de la contribution des systèmes de protection sociale au développement économique et social.

**L'éducation :** La formation et l'éducation, à la fois formelles et informelles, restent plus que jamais au cœur de la problématique de l'exclusion. Les priorités seront concentrées sur : l'analyse des obstacles à l'accès à la formation et à l'éducation, tant initiale que continue ; la responsabilisation à la citoyenneté démocratique pour permettre une participation active ; la prise en compte des difficultés psychosociales dans l'éducation des groupes vulnérables.

Par ailleurs, l'ensemble des contributions au projet HDSE a maintes fois souligné la dimension fondamentale de la famille et de la culture dans les aspects préventifs et curatifs de la lutte contre l'exclusion sociale.

## L'EXCLUSION SOCIALE: UN NOUVEAU CADRE ANALYTIQUE ET OPÉRATIONNEL POUR LES POLITIQUES SOCIALES?

L'exclusion sociale se réfère non seulement au manque de richesses matérielles, mais aussi à une exclusion symbolique, au dénuement social et à une participation incomplète dans les principales institutions sociales (Silver, 1995). Elle met l'accent sur la qualité de la relation entre l'individu et la société. Une approche en termes d'exclusion sociale souligne les nouvelles questions sociales qui affectent la cohésion sociale, et appelle une profonde réforme des politiques sociales. Certes, les filets de sécurité sociale et les politiques de revenu minimum peuvent empêcher les personnes de tomber en-dessous du seuil de pauvreté, mais ils ne répondent pas au problème de rupture des liens sociaux qui accompagnent le morcellement de la société. Ainsi, par exemple, le manque d'emploi peut non seulement priver les exclus de revenus et de résultats, mais il empêche que soit reconnu leur rôle productif d'êtres humains dans la société. En d'autres termes, l'emploi fournit une légitimité sociale et un statut social en plus de l'accès aux revenus (Sen, 1975). Il confère de la dignité et donne aux individus des droits économiques et une reconnaissance sociale qui sont essentiels pour exercer une citoyenneté à part entière. La dimension symbolique de l'exclusion est liée à ces critères de réalisation personnelle et au besoin d'être utiles dans la société, et que cette dernière nous reconnaisse comme tels.

Deux grands facteurs contribuent à l'exclusion sociale : (i) les taux de chômage élevés (et notamment le chômage de longue durée) et la précarité de l'emploi de personnes qui étaient au départ pleinement intégrées dans les principales institutions de la société, et (ii) la difficulté, spécialement pour les jeunes, d'accéder à l'emploi et de jouir à la fois des revenus et des relations sociales qui lui sont associés. La puissance des liens entre la situation professionnelle et les autres dimensions de la vie (famille, revenus, logement, santé, réseau social, etc.) porte à croire que les personnes prisonnières des mauvais créneaux du marché de l'emploi, ou qui en sont exclues, risquent de se retrouver exclues de la société (CERC, 1993). Le rapport entre le chômage de longue durée et la précarité, ainsi que le dénuement social, dépendront de la nature des réseaux de solidarité. Le dénuement social mène à la perte des réseaux de solidarité (qui sont, en particulier, déterminants dans la recherche d'un emploi). Le dénuement matériel peut engendrer un sens d'infériorité sociale qui peut mener à l'isolation et à l'aliénation sociales. Enfin, la spirale de cette accumulation de handicaps mène à l'exclusion sociale.

**Stratégie de cohésion sociale**

*La Stratégie de cohésion sociale*

Le 12 mai 2000, le Comité européen pour la cohésion sociale (CDCS) a adopté sa Stratégie de cohésion sociale. Ce document, approuvé le 13 juillet 2000 par le Comité des Ministres, constitue une véritable déclaration d'intention fixant à l'Organisation un cadre de travail précis dans le domaine social pour les années à venir.

Ce texte ne définit pas la cohésion sociale en tant que telle mais s'efforce de définir des facteurs de cohésion sociale comme :

- la mise en place de mécanismes et institutions empêchant que les facteurs de division (tels l'écart excessif entre riches et pauvres ou les multiples formes de discrimination) ne deviennent virulents au point de mettre en péril la paix sociale ;
- l'importance d'un emploi décent et adéquatement rémunéré ;
- l'existence de mesures visant à combattre la pauvreté et l'exclusion sociale notamment dans les secteurs du logement, la santé, l'éducation et la formation, le partage de l'emploi et des revenus ou encore les services sociaux ;
- le renforcement des systèmes de sécurité sociale ;
- le développement de politiques familiales accordant une attention particulière aux enfants et aux personnes âgées ;
- le partenariat avec les organisations de la société civile, notamment les syndicats et les représentants des employeurs et les ONG.

*Les politiques de cohésion sociale doivent par conséquent :*

- favoriser la revitalisation de l'économie et tirer parti de la contribution que les partenaires sociaux et autres instances concernées apportent, notamment en créant des emplois, en stimulant l'esprit d'entreprise et en assurant à tous la possibilité de travailler ;
- satisfaire les besoins fondamentaux des individus et favoriser l'accès aux droits sociaux, dans l'esprit universel qui imprègne de nombreuses conventions et recommandations du Conseil de l'Europe, notamment dans les domaines de l'emploi, de l'éducation, de la santé, de la protection sociale et du logement ;
- consacrer la dignité humaine, en plaçant l'individu au centre de ces politiques et en garantissant en Europe les droits de la personne ;
- instituer des forums et mettre sur pied des procédures qui permettent aux personnes défavorisées et à tous ceux dont les droits ne sont pas assez respectés de se faire entendre ;
- concevoir une approche intégrée qui couvre tous les domaines d'action concernés.

Le Conseil de l'Europe mènera des activités de quatre types : activités normatives et contrôle de l'application d'instruments juridiques, élaboration de politiques, projets dans les Etats membres, recherche et analyse.

La stratégie de cohésion sociale devra évoluer au fil du temps et de l'expérience tirée de cette nouvelle approche du Conseil de l'Europe.

Dans ce cadre analytique, l'exclusion sociale n'est pas envisagée comme le stade final qui caractérise le dénuement économique et social, mais au contraire comme un ensemble de processus dynamiques qui engendrent ces Etats et poussent les individus de la sphère d'intégration vers une zone de précarité, de vulnérabilité et, finalement, d'exclusion. Comme le soulignait Castel (1995) dans son ouvrage, la zone intermédiaire de vulnérabilité, qui s'est rapidement développée dans les années 80 et 90, est déterminante. Il est important de relever quels sont les divers cheminements vers la précarité et l'exclusion. Pour conclure, les principales caractéristiques de cette approche que nous développerons ci-dessous, en termes d'exclusion sociale, sont les suivantes:

- l'exclusion envisagée comme un processus à double risque: un risque social d'exclusion pour chaque individu, et un risque social pour l'ensemble de la société qui peut être profondément affectée par cette rupture des liens sociaux;

- l'exclusion envisagée comme la conséquence des processus structurels qui excluent une partie de la population de la sphère productive, et non pas comme la conséquence d'échecs de la part des individus;

- l'exclusion envisagée comme une approche dynamique, en mettant l'accent sur les processus qui mènent à l'exclusion économique et sociale;

- l'exclusion envisagée comme une approche multidimensionnelle associant les aspects économiques, sociaux et politiques qui sont étroitement liés.

Il n'y a pas si longtemps que l'expression «exclusion sociale» est communément utilisée après que l'Union européenne (UE) ait délibérément opté pour cette dernière par opposition au terme «pauvreté» à la fin des années 80. D'aucuns soupçonnent certains gouvernements d'avoir poussé l'expression sur le devant de la scène par hostilité pour le discours sur la pauvreté, parce qu'ils auraient été séduits par cette expression moins accusatrice (Room, 1994; Berghman, 1995). Certes, il existe une nette ressemblance entre les programmes de recherche sur la pauvreté et ceux qui portent sur l'exclusion sociale. Plusieurs auteurs qui collaborent avec le centre pour l'exclusion sociale de la London School of Economics ont souligné cinq aspects de cette notion – relativité, multidimensionalité, action, dynamique et couches multiples – tout en reconnaissant que ces idées n'avaient pas grand-chose de neuf (Atkinson, 1998; Hills, 1999). Pourtant, des arguments solides ont été avancés pour justifier une conceptualisation en termes

d'exclusion sociale plutôt que de pauvreté. Il est vrai que l'exclusion sociale est souvent utilisée pour désigner des processus très divers. C'est ainsi que Abrahamson (1997) conclut que «certains manquent simplement d'argent pour nouer les deux bouts en raison de leur place dans la structure sociale, tandis que d'autres sont exclus des courants principaux de la société pour des raisons d'appartenance ethnique, d'orientation sociale, etc.».

En fin de comptes, la notion de pauvreté peut englober de nombreux aspects de l'exclusion sociale, mais il est utile d'établir une distinction entre les deux. La pauvreté se réfère d'abord au manque de moyens financiers d'une personne ou d'un ménage, qui constitue une barrière à la satisfaction des besoins fondamentaux. Cette précarité financière peut résulter de faibles revenus et/ou de fortes dépenses inévitables (par exemple une maladie chronique). La pauvreté peut mener à l'exclusion sociale, au sens où des gens sont coupés du marché de l'emploi, ne participent pas à des schémas comportementaux et culturels de la majorité, perdent les contacts sociaux, vivent dans certains quartiers stigmatisés, et ne sont pas atteints par les organismes d'aide sociale. Inversement, ces aspects de l'exclusion sociale peuvent être la conséquence d'une situation financière précaire, mais aussi d'autres facteurs.

---

### L'accès aux droits sociaux

L'accès aux droits sociaux est la pierre de voute de la Stratégie de cohésion sociale du Conseil de l'Europe. Dans ce cadre, le Conseil de l'Europe a mis en place un certain nombre de programmes en matière de cohésion sociale afin d'assurer l'accès aux droits sociaux à tous et ce en cinq aspects principaux : emploi, logement, la protection sociale, la santé et l'éducation. Les groupes de travail correspondant ont démarré leurs activités en 1999. Trois de ceux-ci (emploi, logement et protection sociale) ont mené leurs travaux à terme et élaboré des lignes directrices propres. Le groupe de rédaction du rapport relatif à l'accès aux droits sociaux, récemment mis en place, rassemblera les résultats de ces trois comités distincts et élaborera un rapport durant l'année 2002.

#### 1. Accès à l'emploi

Le Comité d'experts pour la promotion de l'accès à l'emploi (CS-EM) était responsable pour élaborer des politiques efficaces de lutte contre le chômage de longue durée. Les Etats membres du Conseil de l'Europe ainsi que le BIT, l'OCDE, l'Union européenne et des ONG du domaine de l'emploi ont également participé à ces travaux.

Le comité a élaboré plus de vingt lignes directrices concernant les aspects suivants : le partenariat local, l'égalité des chances et la non-discrimination, la création d'entreprise et la formation, l'éducation et l'apprentissage tout au long de la vie, le suivi et l'évaluation.

### 2. Accès au logement

Le Groupe de spécialistes sur l'accès au logement (CS-LO) propose des mesures politiques sur l'accès au logement pour les groupes de personnes défavorisées. Les travaux étaient concentrés sur quatre thèmes particuliers : les situations d'urgence en matière de logement, les expulsions, la mise à disposition de logements de qualité et les politiques territoriales.

Le comité a adopté un certain nombre de lignes directrices qui incluent : les principes généraux des politiques d'accès au logement pour des groupes de personnes défavorisées ; le cadre juridique ; le cadre institutionnel et coopération entre les autorités publiques et la société civile ; l'amélioration de l'offre et le financement du logement abordable pour les groupes de personnes défavorisées ; l'importance des politiques territoriales de logement ; la réduction des risques et des conséquences négatives de l'expulsion pour les personnes défavorisées, la gestion des situations d'urgence ; les recommandations pour les activités futures

### 3. Accès à la protection sociale

Le Groupe de spécialistes sur l'accès à la protection sociale (CS-PS) a eu pour objectif l'identification et l'évaluation des obstacles à l'accès aux prestations sociales et aux services. Le CS-PS a également élaboré ses lignes directrices pour l'amélioration de l'accès à la protection sociale. Elles incluent plus particulièrement : l'amélioration de la communication et de l'information concernant les droits, les prestations et les services ; l'amélioration de la gestion et de l'organisation des fournisseurs de prestations et de services sociaux ; et l'amélioration du partenariat entre les organismes de protection sociale, les services sociaux, les ONG, et les autres acteurs de la société civile.

### 4. Accès à la santé

Le Comité européen de la santé mène, afin d'améliorer l'accès à la santé, un certain nombre d'études qui concernent : l'efficacité des politiques de santé pour la promotion et la protection de la santé dans la société d'aujourd'hui, l'organisation des soins palliatifs et l'assurance que ce type de soins soient accessible de manière égale à toute personne qui en aurait besoin ; l'impact des technologies de l'information sur les soins «le patient et l'Internet» ; et le rôle des médias en matière de santé et leur impact sur les mesures et les politiques de santé.

Le 10 octobre 2001, le Comité des Ministres du Conseil de l'Europe a adopté une recommandation importante (Rec (2001) 12) sur l'adaptation des services de soins de santé à la demande de soins et de services des personnes en situation marginale.

### 5. Accès à l'éducation

Afin de contribuer aux travaux du CDCS, le Comité de l'éducation a mis en place une activité permanente intitulée «Cohésion sociale, sécurité démocratique et politiques éducatives». Dans ce cadre, il a décidé d'organiser, chaque année, un forum consacré à un thème politique majeur qui permet également d'examiner les problèmes éducatifs

auxquels les sociétés européennes sont confrontées. En 2000, le forum fut consacré à l'«éducation et cohésion sociale» et a fait l'objet d'une publication du même titre qui reprend les textes des communications présentées par les experts. En octobre 2001, un deuxième forum a été consacré au thème «Equité et accès au droit à l'éducation» pour notamment examiner les facteurs nouveaux pouvant conduire à une inégalité dans l'accès à l'éducation. Un rapport est en cours de préparation.

Ces dernières années, nous avons assisté à un débat nourri autour de la signification de l'exclusion sociale et de son rapport avec la notion de pauvreté. Les chercheurs belges Vranken *et al.* ont signalé, quelque peu irrités, la prolifération de sens qui a émergé des discussions sur l'exclusion sociale. Il n'en reste pas moins que l'exclusion sociale peut être considérée comme une notion plus large que la pauvreté. La littérature pertinente relève au moins quatre aspects où il semble exister des différences entre les notions de pauvreté et d'exclusion sociale :

- matériel par opposition à immatériel ;

- statique par opposition à dynamique ;

- phénomène individuel par opposition à collectif ;

- causes individuelles par opposition à des causes collectives.

## Rapport entre l'exclusion sociale et la pauvreté en termes de revenus

L'on mesure généralement la pauvreté monétaire, comme c'est le cas dans de nombreuses études de la Commission européenne ou d'Eurostat, en fixant le seuil de pauvreté au niveau d'un certain pourcentage d'un revenu moyen ou médian. Le raisonnement habituel est que les personnes qui tombent à une certaine distance sous la moyenne se trouvent exclues du mode de vie considéré comme le minimum acceptable dans la société où ils vivent, et ce du fait de leur manque de ressources (Townsend, 1979). Ainsi, la logique des démarches fondées sur la pauvreté ou sur l'exclusion sociale est plus similaire que nombre de gens veulent bien le reconnaître. Si l'on veut notamment évaluer l'utilité de la perspective fondée sur l'exclusion sociale, il paraît nécessaire d'éviter la caricature qui consiste à dire que les recherches sur la pauvreté se bornent à une perspective statique.

Les données issues des groupes d'étude ont encouragé l'analyse de la dynamique de la pauvreté qui est centrale à la compréhension des processus
qui mènent à l'exclusion. L'intérêt pour la pauvreté persistante est motivé
par l'inquiétude que suscite la dépendance vis-à-vis de l'Etat ou l'enlise-
ment dans des cercles vicieux. Les hypothèses relatives à la nature durable
de la pauvreté ont été à la base du développement de notions comme la
« culture de la pauvreté » et l'*underclass* (sous-prolétariat) (Gans, 1990 ;
Wilson, 1987).

## Pauvreté persistante et handicaps multiples

La préoccupation croissante face aux handicaps multiples s'est également
manifestée par l'importance que le terme d'« exclusion sociale » a acquise
dans la définition des politiques en Grande-Bretagne. Kleinman (1998 : 7)
conclut que l'utilisation de l'expression « exclusion sociale » pour qualifier
les groupes souffrant de handicaps multiples a eu pour conséquence de
définir le clivage social décisif entre une majorité confortable et une minorité
sociale exclue et isolée. Cette tendance est également relevée dans l'étude
de Room (1999 : 171) sur les notions de continuité et de catastrophe dans
la littérature relative à l'exclusion sociale.

Whelan *et al.* (2001b) ont tenté d'établir, à partir des trois premières vagues du
Panel communautaire des ménages (PCM), dans quelle mesure la pauvreté
en termes de revenus est associée à un dénuement dans de multiples
aspects de la vie, à l'isolement social, et aux évaluations que les répondants
font de leur santé. Leurs conclusions indiquent que, malgré l'impact massif
de la pauvreté persistante, il n'existe qu'une corrélation extrêmement modeste
entre celle-ci et l'isolement social. De plus, le degré de recoupement entre
les divers handicaps s'est avéré nettement moindre que ce que laissait
prévoir la littérature théorique sur l'exclusion sociale.

Par ailleurs, de récentes recherches ont commencé à battre en brèche la
validité empirique et théorique de certains rapports implicitement établis
dans les débats sur l'exclusion sociale, comme par exemple celui qui est
sensé exister entre la pauvreté et l'isolement social, entre le chômage
(surtout de longue durée) et l'isolement social et/ou le mal-être psycholo-
gique. Les données comparatives empiriques suggèrent que ces rapports
varient d'un groupe social à l'autre et en fonction de la durée de la situation vécue (de détresse économique ou de chômage – voir par exemple
Leisering et Leibfried, 1999) ; mais ils diffèrent également d'un pays à l'autre,
en fonction, notamment, des régimes de sécurité sociale, de l'organisation

des familles et de la culture (Saraceno, 1997 ; Gallie et Paugam, 2000). Le contexte culturel peut en effet s'avérer important pour évaluer l'impact du chômage de longue durée. Ainsi, par exemple, les hommes ont plus de chances que les femmes de souffrir du dénuement social et de se retrouver sans domicile suite à leur exclusion du marché de l'emploi, parce que ces dernières ont d'autres modes d'intégration sociale, tandis que les hommes perçoivent très souvent le chômage de longue durée comme un échec personnel qui entraîne leur exclusion des principales institutions de la société.

Il est devenu plus urgent de comprendre la dynamique de la pauvreté parce que le discours populaire et politique se réfère de plus en plus à une nouvelle classe de «perdants», parfois qualifiés d'équipe A et d'équipe B, ou de «nouveau sous-prolétariat». Pourtant, et comme l'a fait observer Esping-Andersen (1997), l'interprétation de tels phénomènes dépend de la mesure dans laquelle la marginalité des gens est temporaire ou revêt un certain degré de permanence, auquel cas elle peut contribuer à une détérioration supplémentaire de leurs chances dans la vie. Whelan *et al.* (2000) ont exploité les deux premières vagues du PCM pour montrer que la dynamique de la pauvreté serait principalement une conséquence des variations correspondantes des taux globaux de pauvreté et des fluctuations à court terme de ces taux.

## Pertinence pour les pays issus du communisme

Le statut social de plusieurs groupes de la population a été ébranlé pendant la transition, et une pauvreté massive s'est imposée dans de nombreux pays comme l'un des principaux problèmes sociaux. Certains groupes sociaux sont particulièrement vulnérables face à la pauvreté, tels que les chômeurs (en particulier les personnes en chômage de longue durée) ; les familles monoparentales ; les personnes âgées vivant seules (principalement les femmes de plus de 70 ans) ; les familles avec trois enfants ou davantage, ainsi que les familles avec de jeunes enfants ; les personnes qui manquent d'aptitudes professionnelles ; les citoyens de certains types de localités (fermes, petits villages) et de souche gitane.

Malgré l'anxiété croissante que l'insécurité économique et sociale provoquent dans la population, les pouvoirs publics ne parlent pas explicitement de pauvreté et d'exclusion. Ils n'élaborent aucune stratégie nationale de lutte contre la pauvreté profonde, ni contre la pauvreté en général. Aucun effort n'est fourni pour réduire les inégalités, ni pour freiner les processus

qui mènent à l'exclusion. Au contraire, l'on note une tendance à accepter la pauvreté comme un corollaire naturel de la vie sociale, voire même d'en rejeter la faute sur les pauvres (Ferge, 2000).

Ceux qui préconisaient une thérapie de choc, et qui avaient prédit un rétablissement rapide, se sont trompés. La récession économique et le coût social ont été plus graves que prévu. La production et l'emploi ont sombré à des niveaux que l'on n'avait plus vus en Europe depuis la Grande dépression. Au début des années 90, le produit industriel brut réel a chuté d'environ quarante pour cent en moyenne en Europe orientale (CEE-ONU, 2000:228), le chômage a atteint des sommets sans précédent, et la pauvreté s'est massivement aggravée dans toute la région. Malgré le retour récent à la croissance dans la plupart des pays d'Europe orientale (exception faite de la Yougoslavie et de la Roumanie, et dans une moindre mesure de la Croatie et de la République tchèque), fin 1999 le taux de chômage moyen en Europe orientale était à son niveau le plus élevé depuis le début de la transition (environ 15 %, soit 7,6 millions de personnes).

Même si les estimations sur la pauvreté varient fortement, les sources s'accordent généralement sur l'ampleur de son augmentation au cours la première moitié des années 90. Le nombre total des personnes vivant en-dessous du seuil de pauvreté a été multiplié par plus de dix entre 1988 et 1994 dans les pays en transition d'Europe orientale et de l'ex-Union soviétique : de 14 à plus de 119 millions de personnes, ce qui a fait passer de 4 à 32 % la part de la population vivant en-dessous du seuil de pauvreté (4 dollars des Etats-Unis par jour en PPA de 1990) (Ruminska Zimny, 1997:11). Ces dernières années, les changements dans la distribution des richesses et des biens dans les pays en transition ont été parmi les plus spectaculaires. Le coefficient de Gini moyen pour le revenu disponible est passé de 24 à 33 au cours des cinq premières années de la transition (Milanovic, 1998:40). Dans une grande mesure, l'aggravation des inégalités dans les revenus peut être attribuée à une plus grande dispersion des revenus, imputable à de plus grandes différences dans les salaires, des taux de participation plus faibles et une hausse du chômage.

## Principales caractéristiques d'une approche orientée sur l'exclusion sociale

### Ne pas se contenter d'étudier les exclus

Les recherches sociologiques de la pauvreté et de l'exclusion sociale risquent également de s'engager sur une voie de garage si elles ne parviennent

pas à placer la condition des groupes d'exclus dans une perspective plus vaste. Les problèmes rencontrés par les exclus au quotidien paraissent souvent si urgents que les chercheurs sont tentés de concentrer leur attention sur ces groupes. Pour pleinement comprendre les mécanismes sous-jacents de l'exclusion sociale, la condition des groupes d'exclus, et les possibilités d'améliorer l'intégration ou la réintégration sociales, nous devons placer les problèmes dans une perspective plus large. En effet, l'exclusion sociale est un processus, et il est donc important de ne pas focaliser uniquement sur les exclus, que l'on trouve au dernier stade du processus, mais d'analyser les facteurs structurels qui provoquent la dérive du stade de l'intégration vers celui de la vulnérabilité et, finalement, celui de l'exclusion.

### Focaliser sur les processus

De nombreuses études sociologiques sont réalisées sur la base de données transversales, basées sur une coupe statistique. L'on étudie un phénomène à un point donné dans le temps. Cette méthode permet naturellement d'obtenir une image de la condition sociale à ce point, mais les descriptions ainsi obtenues peuvent aussi s'avérer très inadaptées. Il est donc préférable d'étudier les exclus à partir de données longitudinales, de préférence avec des études de panels. Les mêmes personnes sont alors suivies sur des périodes relativement longues.

### S'intéresser aux problèmes que personne n'a étudiés

Les services essentiels désignent à la fois les services de première nécessité (comme l'eau, le gaz et la nourriture) et les services d'infrastructure (par exemple les transports, le téléphone et les services financiers de base). La possibilité d'accéder à ces services pour un prix abordable est déterminante pour l'inclusion sociale. Les services essentiels du secteur privé devraient intervenir dans une stratégie nationale d'inclusion sociale selon le principe des normes minimales. Cette approche est notamment préconisée parce qu'elle est universelle, et permet donc de toucher l'importante minorité constituée des personnes qui devraient être les bénéficiaires directs d'une stratégie d'inclusion sociale.

Elle est également préférable pour les entreprises. Les négociations préalables, afin de décider de «normes de service minimal» sont de loin préférables à une intervention du gouvernement, ce dernier disposant de pouvoirs très étendus pour intervenir afin de corriger des situations de traitement «défavorable». De tels pouvoirs ont été mis en place en Grande-Bretagne dans la nouvelle «Utilities Act» (loi sur les services publics) à l'encontre des industries du gaz et de l'électricité. La National Strategy for Neighbourhood

Renewal (Stratégie nationale pour la rénovation des quartiers) – 2000, du Gouvernement britannique met l'accent sur les services locaux essentiels dans les quartiers gravement défavorisés, en marge des initiatives spéciales. Ces mesures sont le bienvenu, mais elles ne sauraient suffire, car seule une minorité de la population vit effectivement dans ces quartiers. L'engagement en faveur des services publics essentiels dans les zones défavorisées devrait être converti en un engagement généralisé, pour offrir des services publics de base aux pauvres et aux exclus de tous les quartiers.

*Envisager un partage des responsabilités entre la société et les individus*

Pour simplifier, nous assistons à une tendance aux «politiques sociales actives» et à une activation sociale qui tend à redéfinir le partage des responsabilités entre le niveau individuel et le niveau collectif. Ainsi, des politiques baptisées «associer la protection sociale et l'emploi» définissent explicitement les droits et les obligations de l'individu (au chômage), de l'Etat et des employeurs/des entreprises/du marché. L'attention s'est manifestement tournée vers les responsabilités sociales et individuelles. La société, et en particulier les pouvoirs publics, a le devoir de créer le meilleur environnement possible pour permettre l'insertion (grâce à la protection sociale, à l'éducation, à la formation, au système de santé, aux services de l'emploi, etc.), mais l'individu a également l'obligation de s'impliquer dans le processus d'insertion. Telle est donc l'éthique des nouvelles politiques de l'emploi, mais elles impliquent des avantages et des inconvénients, même du point de vue du particulier.

*Souligner le rôle déterminant de l'accès à un emploi décent dans la (ré)insertion*

Quel que soit le diagnostique choisi, il semble que la politique principale à mettre en place soit l'intégration par l'emploi, c'est-à-dire qu'elle se situe sur le marché de l'emploi. Nous pouvons à nouveau distinguer trois types de directions dans cette réaction. La démarche par activation vise à intégrer des éléments d'incitation à l'action dans les prestations sociales de base en faisant intervenir tant les encouragements que les sanctions comme techniques de persuasion. Il en existe une variante relativement récente, les contrats d'insertion ou d'intégration introduits comme une nouvelle condition de perception des prestations minimales. L'approche du durcissement consiste à limiter l'accès aux prestations, à réduire le montant de celles-ci, à limiter la durée pendant laquelle elles sont versées, etc. Les mesures de ce genre reviennent à bousculer les bénéficiaires, et à rendre la protection sociale moins conviviale. La troisième direction, qui inclut

partiellement les précédentes, peut être appelée la politique des bas salaires. Elle semble être le principal moyen pour réduire le nombre de chômeurs déclarés en Europe.

Pour les personnes capables de travailler, les gouvernements font valoir l'emploi comme la clé permettant de mettre un terme à la pauvreté. Toutefois, si l'emploi doit effectivement offrir une garantie contre la pauvreté, cela implique une conception beaucoup plus critique de la nature du travail. Sous ce rapport, les bas salaires, qui restent endémiques, constituent le premier souci. Le salaire minimum est actuellement fixé à un niveau extrêmement modeste, et sa valeur réelle a chuté depuis son instauration. Les crédits d'impôt, qui améliorent le revenu des ménages actifs, sont certes une bonne chose, mais ils ne font que traiter les symptômes induits par les bas salaires. D'autres facettes de l'emploi contribuent aussi à sa qualité : un degré de certitude sur les heures de travail ; le paiement des jours de maladie et la pension ; des possibilités de formation et des perspectives de carrière ; une représentation démocratique sur le lieu de travail ; et l'absence de discrimination.

L'absence d'emploi est responsable, sans doute plus que tout autre facteur, des mauvaises conditions sociales et de vie. La Norvège, par exemple, considère le travail comme le principal facteur permettant d'obtenir une meilleure répartition des revenus et de la richesse. Elle estime qu'il est essentiel qu'un nombre aussi élevé que possible de personnes puissent subvenir à leurs besoins par leur propre travail. C'est pourquoi les autorités ont décidé de prendre des mesures, et de veiller à leur application, afin de restreindre dans une certaine mesure la forte augmentation des mises à la retraite anticipée pour incapacité de travail qui avait été enregistrée ces dernières années. Parallèlement, il convient d'organiser le marché de l'emploi pour qu'il puisse également intégrer les personnes qui n'ont pas une pleine capacité de travail. Ainsi, le gouvernement s'efforce de trouver des moyens plus flexibles d'associer l'emploi et les pensions d'incapacité. Il expérimente actuellement de nouvelles dispositions et modèles qui doivent permettre d'y parvenir.

## Les approches ciblées et non plus universelles: évaluation du nouveau consensus sur une conception plus individualisée de l'insertion

Dans l'évolution récente des politiques sociales en Europe, l'on s'est progressivement écarté des politiques sociales à vocation universelle pour adopter des mesures plus ciblées. Ce décalage n'a cependant pas eu partout les mêmes causes, ni la même amplitude. Suite à la transition dans les pays d'Europe centrale et orientale, le chômage massif, la pauvreté, les problèmes urgents du régime de pension et la forte récession économique ont incité à réformer l'ancien système universel pour cibler les groupes les plus vulnérables avec les moyens limités de l'Etat. En Europe occidentale, le développement des politiques sociales ciblées correspond à un consensus naissant sur la nécessité d'axer davantage sur les individus les politiques actives de l'emploi et d'insertion à l'intention des personnes vulnérables et des exclus. Cette nouvelle génération de politiques sociales vise à éliminer le dénuement social associé au processus d'exclusion, qui affecte la capacité des exclus à intégrer ou à réintégrer le marché de l'emploi, mais aussi à accéder au logement et aux services sociaux, d'éducation et de santé.

Les jeunes peu qualifiés, qui ont prématurément quitté l'école, fournissent un bon exemple de groupe pour lequel il est vital d'adopter une perspective relationnelle. Une étude sur ces jeunes, menée à Turin, en Italie, a révélé qu'il ne sert à rien ni de les forcer à reprendre les cours en raison du mauvais souvenir qu'ils ont gardé de leur séjour dans les établissements scolaires, ni de les contraindre à occuper des emplois peu qualifiés qui constituent des voies de garage, qui ne font qu'aggraver le sentiment d'inutilité et de manque d'espoir qu'ils ont acquis à l'école. Ils ont au contraire besoin de reprendre confiance en eux et dans les expériences qui leur sont offertes : il leur faut un objectif à atteindre à une certaine échéance, et une personne pour les accompagner et les soutenir dans une voie qui associe l'emploi et l'école, d'une manière qui ait un sens à leurs yeux, et qui leur fournisse l'occasion de découvrir et de développer leurs propres aptitudes (valeurs). Les discours sur la société de l'apprentissage oublient trop souvent les personnes qui sont encore profondément marquées par leur passage à l'école.

De telles politiques sociales plus relationnelles exigent une approche plus «globale» du travail social, qui prenne en considération la condition générale de chacune des personnes concernées. Les offres doivent donc à

chaque fois être adaptées aux besoins individuels, et inclure les mesures nécessaires, même si elles sont du ressort d'autres organismes. Cela exige un travail de partenariat (coopération entre divers secteurs, pouvoirs publics, organismes, etc.). Les aides du système risquent d'être accordées de manière très discrétionnaire si les droits des bénéficiaires ne sont pas clairement définis. Les bénéficiaires risquent également d'avoir l'impression de devoir lutter contre la lourde machinerie du système. Il convient que les personnes concernées aient une influence sur la recherche des solutions adaptées et qu'elles soient d'accord avec les services sociaux. Ainsi, les plans d'action écrits (accords) peuvent être de bons instruments.

Comparativement, ce système a le mérite d'attirer davantage l'attention publique et politique sur les intérêts des groupes les plus faibles de la société et, le cas échéant, d'engendrer des mesures plus efficaces du point de vue des moyens affectés. Pour tous les groupes, des politiques plus ciblées ont été conçues afin d'intégrer les personnes dans des modes de vie plus normaux. L'on a fréquemment l'impression que les problèmes d'exclusion sociale sont aggravés par les tendances générales de la société, qui se traduisent par des structures sociales moins solides autour des personnes concernées. Parmi les tendances observées, citons l'instabilité familiale, la détérioration de la cohésion des collectivités locales et les fortes exigences du marché de l'emploi sur les plans des qualifications et de la flexibilité. Les politiques sociales visent de plus en plus à établir une certaine structure autour des personnes, ce qui peut favoriser un processus d'intégration. Dans le même ordre d'idées, l'on voit de plus en plus de nouveaux partenaires mobilisés pour combattre la carence des réseaux.

Les mesures spécifiques doivent être ciblées dans le sens où il faut s'attaquer aux problèmes spécifiques avec des mesures spéciales dans le cadre du système général des services sociaux. Ainsi, la condition de certains malades mentaux non internés a incontestablement été améliorée par le développement de services sociaux associant un certain type d'hébergement protégé, des personnes servant de contact et l'inscription dans un genre de centre d'accueil de jour. Il a fallu quelques années pour mettre au point ces modèles, notamment parce qu'il fallait définir les responsabilités et mettre en place les structures de coopération entre les divers acteurs. La tendance est à la spécialisation des services dans la prise en charge de groupes présentant des problèmes spécifiques. Cette évolution ne semble pas être stigmatisante pour les groupes cibles, car elle intervient dans le cadre du régime universel de la sécurité sociale. Par contre, ce sentiment de stigmatisation a été ressenti par des personnes employées sur un lieu de travail normal, mais dont le salaire est subventionné.

Cette approche ciblée pose pourtant certains problèmes, et ne s'harmonise pas, à maints égards, avec la philosophie démocratique de la sécurité sociale. En effet, tous les programmes et trains de mesures spéciaux spécifiquement destinés à améliorer la condition de divers groupes défavorisés sont considérés comme de nouvelles stratégies du cadre politique global, dont l'objectif général est de limiter l'éventail des salaires et de maintenir à un bas niveau le taux de pauvreté. Les principales critiques opposées à la nouvelle approche ciblée sont liées à la crainte d'une plus grande stigmatisation des pauvres, d'une marginalisation des questions relatives à la pauvreté dans la société, et d'une érosion de la légitimité, traditionnellement forte, du système.

Premièrement, l'on considère généralement qu'une politique sociale sélective, dont les prestations en espèces et les mesures visent les plus démunis, est plus redistributive qu'une politique sociale universelle ou fondée sur le régime de l'assurance. En s'efforçant d'atteindre les plus nécessiteux, l'on espère éliminer, ou du moins réduire, la pauvreté et l'exclusion sociale. De telles mesures peuvent à leur tour être évaluées par une « mise à l'épreuve » des politiques. Il existe pourtant un risque que cette stratégie soit en contradiction avec ses intentions premières. Signalons ici quatre des principales lacunes observées dans les mesures sociales.

### Le problème de la légitimité

Des recherches ont démontré l'importance fondamentale d'opter pour une politique sociale universelle par redistribution afin d'atteindre par des mesures efficaces même les personnes les plus défavorisées. Ce phénomène est souvent appelé le « paradoxe de la redistribution » (Korpi et Palme, 1998). En résumé, ce paradoxe suppose que la meilleure manière de garantir aux pauvres et aux exclus des normes acceptables à partir de mesures sociales est de veiller à ce que les groupes plus favorisés en bénéficient également. Pour garantir un consensus de base sur les politiques sociales, il faut que tous les groupes de la société qui y contribuent puissent aussi, potentiellement, en tirer parti. Étant donné que ce genre de système exige un niveau relativement élevé de taxation, il est également important qu'une large majorité de la population non seulement paie la facture, mais en profite aussi sous la forme d'allocations pour enfant, de pensions, de prestations de santé raisonnables, etc. Si le régime social général est conçu de cette manière, les mesures sélectives nécessaires pour cibler les groupes spécifiques resteront efficaces et bénéfiques. Si le régime social est dominé par les programmes sélectifs et liés aux revenus, les mesures spécifiques risquent de perdre la légitimité nécessaire pour maintenir les prestations et les mesures à un haut niveau, et pour assurer leur financement.

## La stigmatisation

Si elle est sélective, une politique sociale risque de stigmatiser. La distinction traditionnelle entre les pauvres qui méritent une aide et ceux qui ne la méritent pas est sous-jacente dans toutes les mesures qui ciblent spécifiquement les pauvres et les exclus. Même dans ces circonstances, une politique sociale stable et universelle peut constituer une base capable de donner une légitimité aux mesures qui visent spécialement les plus nécessiteux. Les politiques sociales sélectives doivent reposer sur un régime universel pour obtenir le soutien des masses. Il est alors moins probable que les bénéficiaires soient stigmatisés.

Par conséquent, plus les bénéficiaires d'une mesure sont limités aux personnes qui ont le moins d'alternatives, plus elle donne l'impression d'avoir peu de chances de succès, d'être inefficace (et, dans le cas des revenus d'appoint, de créer une dépendance). Ainsi, une étude menée à Turin a révélé que dans les quartiers les plus défavorisés, où la ville propose davantage de services pour les enfants de moins de trois ans que dans les autres parties de la ville, les parents qui y résident mais qui n'appartiennent pas aux classes les moins favorisées (les premières bénéficiaires) préfèrent ne pas y laisser leurs enfants afin de ne pas risquer d'être stigmatisés par leur inscription dans un service comptant une forte concentration de «cas sociaux». Par conséquent, ces services deviennent une sorte de ghetto pour enfants défavorisés, tandis que les listes d'attente s'allongent dans les autres quartiers de la ville.

## La bureaucratie sociale

Les mesures sociales qui ciblent spécifiquement les exclus et les pauvres s'accompagnent presque invariablement d'une expansion de l'administration. Ce phénomène pose deux problèmes principaux : tout d'abord, la croissance de l'appareil administratif augmente les coûts totaux, mais le pourcentage des dépenses dont profitent directement les groupes ciblés diminue à mesure que les salaires et les autres frais administratifs augmentent. Ensuite, la bureaucratie croissante des services sociaux présente invariablement des mécanismes d'expansion inhérente, et a intérêt à ce que prolifèrent les problèmes sociaux qui sont de son ressort. En outre, le ciblage implique une confiance d'une part dans l'honnêteté des bénéficiaires, et d'autre part dans l'adéquation et l'efficacité des organismes administratifs et des procédures de suivi. Un des problèmes rencontrés dans l'instauration du RMI en Italie, par exemple, est l'idée reçue qui veut

que les personnes trichent sur leurs revenus (compte tenu, également, du volume de l'économie «grise»), et que les administrations nationales et publiques ne sont pas capables de vérifier le montant réel des revenus. Dans un tel domaine, le déficit de confiance entraîne non seulement un mauvais ciblage, mais aussi un manque de légitimité.

Le ciblage implique en outre un travail d'information des bénéficiaires potentiels, une opération lourde qui est non seulement chère en soi, mais peut également augmenter le nombre des bénéficiaires sans nécessairement empêcher la stigmatisation.

Ceci étant dit, le ciblage a des vertus qu'il convient de souligner en raison de son potentiel (en plus de celui que l'on cite habituellement et qui est sujet à controverse, la concentration des ressources en faveur des plus nécessiteux):

- le ciblage peut faciliter l'identification de zones à problèmes, orienter l'affectation des ressources, permettre l'évaluation critique des mesures existantes, et contraindre les gouvernements à se laisser surveiller et évaluer sur la base de leurs propres critères;

- le ciblage peut s'accompagner non pas d'une stigmatisation, mais d'une intervention très efficace. S'il s'inscrit dans le cadre d'une approche globale, un «certain ciblage» peut fonctionner comme une sorte d'outil de sensibilisation non seulement aux différences individuelles, mais également aux différences sociales, et empêcher que ne soient mises en place des politiques toutes faites, qui ont parfois peu de rapports avec la réalité des problèmes. La généralisation abstraite peut aussi s'avérer aveugle et insensible aux circonstances spécifiques, tout comme aux différences d'aptitudes résultant de facteurs sociaux et biographiques. Ainsi, de nombreux pays, y compris ceux dont la démarche est la plus globale, prennent conscience que l'assistance sociale doit être attentive aux visions culturelles des immigrants. De même, la démarche universaliste de l'école publique a dû accorder une place à un certain degré de diversité culturelle.

En conclusion, il est important que les décideurs ne focalisent pas uniquement sur le niveau «micro», mais que le processus décisionnel articule les niveaux macro, méso et micro. Quelle que soit l'efficacité des mesures ciblées, toute politique sociale de lutte contre la pauvreté et l'exclusion doit, pour avoir une chance de réussite, combiner deux ingrédients principaux: premièrement, un régime de protection sociale universelle dont les principaux constituants sont les prestations liées aux revenus; deuxièmement, une politique économique dont le plein emploi soit un des principaux objectifs.

**La Charte sociale européenne – 40 ans d'existence**

La Charte sociale européenne est un traité du Conseil de l'Europe, signé en 1961, qui protège depuis quarante ans les droits de l'homme et plus particulièrement garantit les droits sociaux et économiques. Elle s'est augmentée de trois protocoles : le Protocole additionnel de 1988, le Protocole d'amendement de 1991 qui améliore considérablement le mécanisme de contrôle de la Charte, et le Protocole de 1995 portant sur les réclamations collectives.

Enfin, en 1996, une Charte sociale révisée a été ouverte à la signature. Elle est entrée en vigueur le 1er juillet 1999, et remplacera progressivement la première Charte. Elle inclut de nouveaux droits et en particulier le droit à la protection contre la pauvreté et l'exclusion sociale.

**Droits garantis par la Charte sociale européenne et la Charte sociale révisée**

*Le droit au logement*

La **Charte** exige des Etats qu'ils mènent une politique de logement adaptée aux besoins des familles. La **Charte révisée** engage les Etats à réduire le nombre de personnes sans abri, et à garantir à chacun l'accès à des logements salubres et à des prix décents.

*Le droit à la santé*

La **Charte** oblige les Etats à mettre en œuvre une structure de soins efficace pour l'ensemble de la population ainsi qu'une politique de prévention des maladies et exigent d'eux que des mesures de sécurité et d'hygiène au travail soient prises et qu'ils en contrôlent l'application. La **Charte révisée** met l'accent sur la prévention des risques au travail et des accidents.

*Le droit à l'éducation*

La **Charte** interdit le travail des enfants de moins de 15 ans, notamment pour leur permettre de suivre pleinement leur scolarité. Elle oblige les Etats à prévoir un service gratuit d'orientation professionnelle et un système de formation professionnelle initiale et continue et assurer ces formations dans le but que chacun ait accès au marché du travail. La Charte précise également que le seul critère d'accès à l'enseignement supérieur et universitaire doit être celui de l'aptitude individuelle. La **Charte révisée** oblige les Etats à garantir un enseignement primaire et secondaire gratuit.

*Le droit à l'emploi*

La **Charte** sociale européenne et la **Charte révisée** obligent les Etats à viser le plein emploi sans pour autant garantir un emploi à chaque individu. De plus, elles exigent qu'ils garantissent des conditions de travail équitables en ce qui concerne la rémunération, la durée, l'hygiène et la sécurité.

Dans le domaine des relations professionnelles, les chartes garantissent la liberté de constituer des syndicats et des organisations d'employeurs pour la protection de leurs intérêts économiques et sociaux. Dans certains cas, cependant, des conflits du travail peuvent surgir et les chartes reconnaissent le droit des partenaires sociaux de les mener, en particulier par le droit de grève.

*Le droit à la protection sociale*

La **Charte** oblige les Etats à garantir le droit à la protection de la santé, à la sécurité sociale, à l'assistance sociale, à des services sociaux. Elle détaille les mesures particulières qui doivent être prises en faveur des personnes âgées. La **Charte révisée** garantit le droit à la protection contre la pauvreté et l'exclusion sociale.

*Le droit à la non-discrimination*

La **Charte** sociale interdit les discriminations dans l'application des droits qu'elle protège. Elle précise dans les différents articles concernés que ces droits doivent être assurés sans distinction de sexe, d'âge, de couleur, de langue, de religion, d'opinions, d'origine sociale, d'état de santé, d'appartenance ou non à une minorité nationale, etc. La **Charte révisée** renforce cette interdiction par un article spécifique relatif à la non-discrimination.

**Etats ayant ratifié la Charte sociale européenne ou la Charte sociale révisée**

En date du 18 octobre 2001, pour le 40ᵉ anniversaire de la Charte sociale, tous les quarante trois Etats membres du Conseil de l'Europe ont signé la Charte sociale européenne ou la Charte révisée :

- ont ratifié la **Charte** : Allemagne, Autriche, Belgique, Danemark, Espagne, Finlande, Grèce, Hongrie, Islande, Luxembourg, Malte, Pays-Bas, Pologne, Portugal, République tchèque, Royaume-Uni, Slovaquie et Turquie ;
- ont ratifié la **Charte révisée** : Bulgarie, Chypre, Estonie, France, Irlande, Italie, Norvège, Roumanie, Slovénie et Suède.
- ont signé la **Charte** ou la **Charte révisée**, mais ne l'ont pas encore ratifiée : Albanie, Andorre, Arménie, Azerbaïdjan, Croatie, Géorgie, Lettonie, Liechtenstein, Lituanie, Moldova, « l'ex-République yougoslave de Macédoine », Fédération de Russie, Saint-Marin, Suisse et Ukraine.

**Le contrôle de l'application de la Charte sociale européenne**

Suite à l'examen des rapports transmis par les Etats, le Comité européen des droits sociaux (CEDS) qui apprécie le respect des engagements des Etats vis-à-vis de la charte transmet ces conclusions au Comité gouvernemental. Ce dernier examine et sélectionne les situations qui devraient faire l'objet de recommandations de la part du Comité des Ministres qui peut recommander aux Etats de changer la loi, la réglementation ou la pratique qui ne seraient pas conformes aux obligations de la charte.

**Les possibilités de recours**

Les syndicats, les organisations d'employeurs et les ONG habilités à déposer des réclamations collectives peuvent saisir le Comité européen des droits sociaux lorsqu'ils estiment que la Charte n'est pas respectée dans un Etat. Le CEDS après examen du recours décide de la recevabilité de la réclamation. En cas de non-respect de la Charte, le Comité des Ministres recommande à l'Etat concerné de prendre des mesures pour remédier à cette situation.

L'acceptation de cette procédure par l'Etat est facultative. A ce jour, elle a été acceptée par Chypre, la Finlande, la France, la Grèce, l'Italie, la Norvège, le Portugal, la Slovénie et la Suède.

# LES NOUVEAUX PARTENARIATS DANS LA LUTTE CONTRE L'EXCLUSION SOCIALE: VERS UNE REDÉFINITION DES RÔLES DE L'ETAT, DU SECTEUR PRIVÉ, DE LA SOCIÉTÉ CIVILE ET DES CITOYENS

La notion de «parcours d'insertion» est multidimensionnelle. Elle se réfère à des besoins multiples, des mesures faisant intervenir de nombreux acteurs et partenariats, et des actions à plusieurs niveaux, non seulement dans le domaine professionnel, mais également dans ceux de la famille, du logement ou de l'éducation. Les mesures d'insertion socioprofessionnelle revêtent une importance sans cesse croissante dans la réponse politique au problème du chômage dans l'Union européenne. Il existe un large consensus sur une conception séquentielle du cheminement de l'insertion, qui peut être subdivisée en quatre étapes visant chacune à améliorer les aptitudes des personnes prises au piège par la précarité. La première étape consiste à cibler les personnes les plus affectées par l'exclusion sociale. Elle est destinée à (re)socialiser la personne afin de la rendre apte à passer aux étapes suivantes; la deuxième consiste à proposer une instruction de base aux personnes afin de leur permettre de réussir leur entrée dans le processus de formation; la troisième étape est celle de la formation professionnelle, et la quatrième assure la transition vers l'emploi grâce, par exemple, à l'assistance de conseillers personnels dans les contacts avec des employeurs ou dans la préparation de curriculum vitæ.

Etant donné leur expérience, leur discernement et leur dévouement, les organisations bénévoles ou locales qui côtoient la pauvreté et l'exclusion devraient être considérées comme les alliées naturelles des gouvernements dans les stratégies d'inclusion sociale. Dans la pratique, leur efficacité est toutefois bridée par divers problèmes. Certains concernent les fonds disponibles pour financer la prestation de services. D'autres résultent de l'incapacité de reconnaître la valeur des organisations qui se font les défenseurs des intérêts des pauvres et des exclus avec et pour lesquels elles travaillent, et en faveur desquels elles militent.

Il faut au moins trois types de mécanismes pour améliorer la participation des pauvres et des exclus: (i) une meilleure connaissance de terrain, informelle et tacite, pour la formulation et l'évaluation des mesures; (ii) davantage d'informations sur les projets et réformes à venir et en cours afin de permettre à la population ciblée de les suivre; et enfin (iii) les conditions

préalables au «pilotage», c'est-à-dire offrir des possibilités de faire pression et d'organiser des auditions et des consultations spéciales dans les organismes publics au cours des préparatifs officiels.

Il semble que les partenariats locaux offrent un outil relativement efficace de lutte contre l'exclusion sociale, surtout dans les pays où la politique sociale est organisée à un niveau relativement régional, voire local (décentralisé). Dans les pays comme la Finlande, où les pouvoirs publics dominent encore très nettement la politique sociale, les partenariats locaux réunissent majoritairement des autorités locales et des ONG. Les syndicats et les organisations d'employeurs sont moins actives à l'échelon local. Au plan national, les choses se sont développées d'une manière légèrement différente. Avant les dernières élections législatives, une formation ou réseau relativement informel mais puissant d'acteurs politiques et syndicaux, d'organisations d'employeurs et d'ONG a présenté sa propre analyse de la pauvreté et de l'exclusion dans le pays, sur la base de laquelle il a demandé au gouvernement de s'engager plus énergiquement dans la lutte contre la pauvreté. Ce partenariat a d'ailleurs brillamment rempli sa mission, et fonctionne encore comme une sorte d'organisme informel qui suit les événements politiques. Le réseau a été mis en place et présidé par l'Eglise évangélique luthérienne du pays. L'EAPN-Fin (la branche finlandaise du Réseau européen de lutte contre la pauvreté) est également une sorte d'association qui jouit désormais d'une position claire vis-à-vis des autorités de l'Etat.

Ainsi, au Danemark, deux grands trains complémentaires de mesures sociales et pour l'emploi ont été lancés afin d'améliorer le taux d'emploi dans les groupes marginalisés. Le programme dit de la «ligne d'activation» a mobilisé les pouvoirs publics, les employeurs, les syndicats et les associations dans le but de donner un emploi à tous les chômeurs et à toutes les personnes qui dépendent de l'assistance sociale ou, si nécessaire, de les «activer», c'est-à-dire de les faire participer à des formations ou de leur proposer des emplois subventionnés par l'Etat. Cette activation est à la fois un droit et une obligation pour les personnes concernées. La ligne d'activation est de plus en plus souvent mise en œuvre pour d'autres groupes sans emploi, par exemple les bénéficiaires de prestations maladies ou de pensions d'invalidité. La philosophie du programme est que toute personne disposant d'une quelconque capacité de travail devrait occuper un emploi et travailler afin de mettre à profit les ressources humaines et de les développer, pour le bien des intéressés comme pour celui de la société.

Les politiques qui mettent l'accent sur les responsabilités individuelles et sur celles de la société paraissent fonctionner dans une certaine mesure,

mais elles ont leurs limites. La responsabilité sociale des entreprises est déjà engagée vis-à-vis des personnes qu'elles emploient. Il est plus difficile d'invoquer une responsabilité envers les personnes de l'extérieur dont la capacité de travail est réduite, à moins qu'il n'y ait une contrepartie, telle que les salaires subventionnés. Même les conceptions des personnes déjà employées semblent revêtir une grande importance. Les programmes de renouvellement urbain ont réussi dans une certaine mesure à faire participer les sociétés de logement et les associations pour le logement social à leurs interventions. Elles ont en effet intérêt à améliorer la condition des résidents qui sont déjà sur place, mais elles sont moins enclines à assumer une part de responsabilité pour les problèmes de la société en général, c'est-à-dire pour les nouveaux venus à problèmes.

Le deuxième train de mesures cible la demande sur le marché de l'emploi, et peut être résumé par son titre de «marché de l'emploi ouvert». Dans le cadre de ce train de mesures, une campagne a été lancée en 1994 au Danemark afin de d'accroître la responsabilité sociale des entreprises ; elle s'adressait tant au secteur public qu'aux entreprises privées. Sa philosophie est que les pouvoirs publics (l'Etat-providence) ne sauraient résoudre seuls les problèmes sociaux et de chômage. Les entreprises doivent, elles aussi, jouer un rôle actif dans le cadre d'un «nouveau partenariat pour la cohésion sociale». Cette campagne a notamment consisté à créer des partenariats locaux, à organiser des séminaires, à décerner des prix aux entreprises les plus responsables sur le plan social, à diffuser un bulletin et à développer une comptabilité sociale et des réseaux régionaux de chefs d'entreprise. Ce train de mesures est étayé par des textes de loi, par exemple sur les subventions de salaires dont bénéficient les employeurs qui embauchent des personnes à capacité de travail réduite. Plus récemment, la loi sur les pensions d'invalidité a été amendée afin de promouvoir les possibilités d'accès des invalides à une forme ou une autre de vie professionnelle.

## PRINCIPAUX PROBLÈMES DU SUIVI ET DE L'ÉVALUATION DES POLITIQUES SOCIALES DE LUTTE CONTRE L'EXCLUSION

Il est urgent de procéder à l'évaluation des activités qui consomment relativement beaucoup de ressources. Il est en effet important que l'on puisse déterminer si les mesures sociales produisent un résultat correspondant à leur coût, même si la tâche n'est pas très aisée. Dans les sociétés aussi complexes que les nôtres, il est généralement difficile d'isoler les effets d'une mesure de l'impact de tous les autres changements intervenus dans le même temps. Cette tâche n'est pas facilitée quand les objectifs des mesures ou des programmes sont vagues et parlent en termes généraux d'intégration sociale. Ce n'est toutefois pas une raison pour ne pas évaluer les résultats dans la mesure du possible. Les chercheurs en sciences sociales sont parfois les premiers responsables de la situation parce qu'ils renoncent beaucoup trop vite. Même quand les objectifs d'une mesure sont relativement bien définis, comme dans le cas de l'accès à l'emploi, les effets font rarement l'objet d'une évaluation systématique. A l'inverse, les interventions ne sont pas organisées de manière à permettre une telle évaluation, en partie à cause du manque d'intérêt des chercheurs.

Aux Pays-Bas, par exemple, l'évaluation du programme de la Commission urbaine présente les mêmes caractéristiques que nombre d'autres évaluations ou études réalisées sur les mesures et interventions sociales. Très peu d'études parviennent réellement à révéler l'impact des interventions. Les données sur ce qui fonctionne bien ou mieux ne sont pas accumulées de manière systématique, malgré le fait que des études et des rapports d'évaluation sont produits pour pratiquement tous les programmes, projets et expériences. Certes, les personnes et organismes impliqués en tirent des leçons. Ces rapports peuvent servir de catalogues d'idées à suivre ou à développer, à l'intention d'autres décideurs. Mais il est pratiquement impossible de trouver des preuves réelles de l'effet des mesures, et les décideurs sont libres de concevoir de nouvelles mesures sans prendre en compte l'expérience des programmes antérieurs.

Toutefois, une évaluation de l'impact des mesures sociales de lutte contre l'exclusion exige elle-même beaucoup de moyens et de données. Elle nécessite un ensemble multidimensionnel d'indicateurs, y compris des indicateurs quantitatifs et qualitatifs touchant aux aspects matériels et immatériels de la vie, et des études longitudinales permettant de suivre l'efficacité des politiques au fil du temps.

Par ailleurs, les mesures ont souvent des conséquences imprévues. Témoin le programme suédois pour l'accès au logement qui, dans les années 70, a permis la construction d'un million de logements en dix ans. De nombreux sans-logis ont ainsi obtenu un logement, mais le programme a eu pour conséquence involontaire que le nombre d'expulsions a très rapidement augmenté. Pour la plupart des bénéficiaires, ce programme d'accès au logement a permis une amélioration substantielle des conditions de vie, mais les logements en nombre suffisant ne répondaient pas aux besoins de tous. En effet, le groupe de plus en plus grand des expulsés se composait principalement des anciens sans-logis. Les problèmes de ces derniers ne pouvaient pas être résolus en fournissant simplement des logements : leurs besoins étaient plus complexes et plus vastes que cela.

Enfin, les efforts consentis pour mesurer la pauvreté et l'exclusion sociale se heurtent à une difficulté généralisée, mais souvent ignorée : les pauvres et les exclus sont vraisemblablement sous-représentés dans les enquêtes sociales. Les non-répondants ont typiquement un niveau d'éducation moindre que les répondants, occupent des emplois inférieurs et ont vraisemblablement moins de revenus. Dans de nombreuses enquêtes, le taux de non-réponse était plus élevé parmi les chômeurs et les personnes âgées que parmi les travailleurs et les jeunes. En outre, on pourrait ajouter que les concentrations géographiques de non-réponses – telles que nous les trouvons dans les grandes villes des Pays-Bas – pourraient fort bien correspondre aux concentrations de pauvres et d'exclus. Par conséquent, tous les groupes cibles des programmes actuels sur la cohésion et l'exclusion sociale sont sujets aux non-réponses, et risquent de produire des résultats peu fiables et nettement trop positifs.

# BIBLIOGRAPHIE

Abrahamson, P. (1997), "Combating Poverty and Social Exclusion in Europe", in Beck, W., van der Maesen, L. & Walker, A. (eds), *The Social Quality of Europe*, Bristol: the Policy Press.

Andreß, H.-J. & Schulte K. (1998), "Poverty Risks and the Life-cycle the Individualisation Thesis Reconsidered" in Andreß, H.-J. (ed.), *Empirical Poverty Research in Comparative Perspective*, Aldershot: Ashgate.

Atkinson, A.B. (1998), "Social Exclusion, Poverty and Unemployment" in Atkinson, A.B. & Hills, J. (eds), *Exclusion, Employment and Opportunity*, Centre for Analysis of Social Exclusion, CASE paper 4, London School of Economics.

Bhalla, A. & Lapeyre, F. (1999), *Poverty and social exclusion in a global world* London: Macmillan.

Beck, U. (1992), *Risk Society*, London: Sage.

Berghman, J. (1996), "Social Exclusion in Europe: Policy Context and Analytical Framework" in Room, G. (ed.), *Beyond the Threshold: The Measurement and Analysis of Social Exclusion*, Bath: Policy Press.

Callan, T., Nolan, B. & Whelan, C.T. (1993), "Resources Deprivation and the Measurement of Poverty", *Journal of Social Policy*, n° 222, p. 141-72.

Castel, R. (1995), *Les métamorphoses de la question sociale*, Paris: Fayard.

Centre d'étude des revenus et des coûts (CERC) (1993), *Précarité et risques d'exclusion en France* Paris: La Documentation française.

Economic Commission for Europe, (2000), Economic Survey of Europe, n° 1, Geneva: ECE.

Eurostat (2000) *European Social Statistics: Income Poverty and Social Exclusion.*

Esping-Andersen, G. (1997), *Social Foundations of Post-Industrial Economies*, Oxford: Oxford University Press.

Friedrichs, J. (1998), "Do Poor Neighbourhoods Make their Residents Poorer? Context Effects of Poverty Neighbourhoods on Residents" in Andreß, H.-J. (ed.), *Empirical Poverty Research in Comparative Perspective*, Aldershot: Ashgate.

Fahey, T. *et al.* (1999), *Social Housing in Ireland: A Study of Success, Failure and Lessons Learned*, Dublin: Oak Tree Press.

Fahey, T. & Williams, J. (2000), "The Spatial Distribution of Disadvantage in Ireland" in Nolan, B., O'Connell, P.J. & Whelan, C.T. (eds), *Bust to Boom? The Irish Experience of Growth and Inequality*, Dublin: Institute of Public Administration.

Ferge, Zs. *et al.* (eds) (2000), "Implementing the Copenhagen Commitments adopted at the World Summit for Social Development. Copenhagen", 1995. Civil report for Hungary 2000. May 2000. Report of the National Committee of ICSW – Alliance of Social Professionals for the Copenhagen +5 Special Session of the UN. The Geneva 2000 Forum, Geneva, June 2000.

Gans, H.J. (1990), "Deconstructing the Underclass: The Term's Danger as a Planning Concept", *Journal of the American Planning Association*, n° 56, p. 271-77.

Gordon, D. *et al.* (2000), *Poverty and Social in Exclusion in Britain*, York: Joseph Rowntree Tree Foundation.

Gordon, D. (2000), "Absolute and Overall Poverty: A European History and Proposal for Measurement", in Gordon, D. & Townsend, P. (eds), *Breadline Britain: The Measurement of Poverty*, Bristol: Policy Press.

Hills, J. (1999), "Social Exclusion, Income Dynamics and Public Policy", Annual Sir Charles Carter Lecture; Belfast: Northern Ireland Economic Development Office.

Howarth, C. & Kenway, P. (1998), "A Multi-dimensional Approach to Social Exclusion", in Oppenheim, C. (ed.) *An Inclusive Society: Strategies for Tackling Poverty*, London: IPPR.

Kleinman, M. (1998), *Include me Out? The New Politics of Place and Poverty*, Centre for the Analysis of Social Exclusion, CASE Paper 11, London School of Economics.

Kronauer, M. (1998), "'Social Exclusion' and 'Underclass' – New Concepts for the Analysis of Poverty" in Andreß, H.-J. (ed.), *Empirical Poverty Research in Comparative Perspective*, Aldershot: Ashgate.

Layte, R., Maître, B., Nolan, B. & Whelan, C.T., (forthcoming a), "Persistent and Consistent Poverty: An Analysis of the First Two Waves of the European Community Household Panel", *Review of Income and Wealth*.

Layte, R., Maître, B., Nolan, B. & Whelan, C.T. (forthcoming b), "Explaining Deprivation in the European Union", *Acta Sociologica*, vol. 44.

Layte, R., Nolan, B. & Whelan, C.T. (2000), "Cumulative Disadvantage and Polarisation", in Nolan, B., O'Connell, P.J. & Whelan, C.T. (eds), *Bust to Boom ? The Irish Experience of Growth and Inequality*, Dublin : Institute of Public Administration.

Levitas, R. (2000), "What is Social Exclusion", in Gordon, D. & Townsend, P. *Breadline Britain : The Measurement of Poverty*, Bristol : Policy Press.

Milanovic, B. (1998), *Income, Inequality, and Poverty during the Transition from Planned to Market Economy*, Washington : World Bank.

Nolan, B. & Whelan, C.T. (1996), *Resources, Deprivation and the Measurement of Poverty*, Oxford : Clarendon Press.

Nolan, B. & Whelan, C.T. (1999), *Loading the Dice : A Study of Cumulative Disadvantage*, Dublin : Oak Tree Press.

Nolan B. & Whelan, C.T. (2000), "Urban Housing and the Role of 'Underclass' Processes : the Case of Ireland", *Journal of European Social Policy*, n° 10, 1, p. 5-21.

Paugam, S. (1993), *La société française et ses pauvres : L'expérience du revenu minimum d'insertion*, Paris : Presses Universitaires de France.

Paugam, S. (1996), "La Constitution d'un paradigme" in Paugam S., (ed.), *L'exclusion : L'Etat des savoirs*, Paris : Editions La découverte.

Paugam, S. (1996b), "The Spiral of Precariousness : A Multidimensional Approach to the Process of Social Disqualification in France", in Room, G. (ed.), Beyond *the Threshold : The Measurement and Analysis of Social Exclusion*, Bath : Policy Press.

Room, G. (ed.) (1995), *Beyond the Threshold. The Measurement and Analysis of Social Exclusion*, Bath : Policy Press.

Room, G. (ed.) (1999), "Social Exclusion, Solidarity and the Challenge of Globalisation", *International Journal of social Welfare*, n° 8, p. 166-74.

Ruminska Zimny, E. (1997), *Human Poverty in Transition Economies : Regional Overview for HDR 1997*, Occasional Papers n° 28, New York : UNDP.

Silver, H. (1994), "Social Exclusion and Social Solidarity : Three paradigms", *International labour Review*, 133, 5-6, p. 531-78.

Silver, H. (1996), "Reconceptualizing Social Disadvantage: Three paradigms of social exclusion" in Rodgers, G., Gore, C. & Figuieredo, J.B. (eds), *Social Exclusion: Rhetoric Reality Responses*, International Institute for Labour Studies.

Townsend, P. (1998), "Deprivation", *Journal of Social Policy,* 16, p. 2.

Whelan, C.T., Layte, R., Maître, B., & Nolan, B. (2000), "Poverty Dynamics: An Analysis of the 1994 and 1995 Waves of the European Community Household Panel Study", *European Societies*, Vol. 2, n° 4, p. 505-31.

Whelan, C.T., Layte, R., Maître, B. & Nolan, B. (forthcoming a), "ncome, Deprivation and Economic Strain" *European Sociological Review*, 17, 4.

Whelan, C.T., Layte, R., Maître, B. & Nolan, B. (forthcoming c), "Income and Deprivation Approaches to the Measurement of Poverty in the European Union", in Muffels, R. & Tsakloglou, P. (eds), *Social Exclusion in European Welfare States*, Elgar/Blackwell.

Whelan, C.T., Layte, R., Maître, B. & Nolan, B. (2001a), *Persistent Income Poverty and Deprivation in the European Union: An Analysis of the First Three Waves of the European Community Household Panel*, European Panel Analysis Group Working Paper 17.

Whelan, C.T., Layte, R., Maître, B. & Nolan, B. (2001b), *What is the Evidence for Multiple Disadvantage in EU Countries ?*, European Panel Analysis Group Working Paper.

Wilson, J. (1987), *The Truly Disadvantaged: The Inner City, the Underclass and Public Policy*, Chicago: Chicago University Press.